HUMANTECH MARKETING

o marketing molecular e humano

TÍTULO
HumanTech Marketing. O Marketing Molecular e Humano

AUTOR
Carlos Manuel da Encarnação de Oliveira

O autor não segue o novo acordo ortográfico.

CONJUNTURA ACTUAL EDITORA, uma chancela de Edições Almedina
Avenida Emídio Navarro, 81, 3D
3000-151 Coimbra
e-mail: editoras@grupoalmedina.net

REVISÃO
Manuel Afonso

CAPA
FBA.

ELEMENTOS GRÁFICOS DA CAPA
Catarina Maçãs, Penousal Machado e Nuno Lourenço — Professores e Investigadores do CISUC, Departamento de Engenharia Informática, Universidade de Coimbra.

PAGINAÇÃO
Patrícia Boleto

IMPRESSÃO E ACABAMENTO
Forma Certa Gráfica Digital

maio 2023

DEPÓSITO LEGAL
000000/23

ISBN
978-989-694-717-0

Carlos Manuel de Oliveira

HUMANTECH MARKETING
o marketing molecular e humano

ACTUAL

Aos meus pais:
Manuel de Oliveira, que nos deixou há quinze anos,
uma referência e uma saudade
inevitavelmente sempre presente.
Maria, resistente nonagenária, sempre com amor

Aos meus filhos, Marta e João.
Aos meus netos Mafalda, Rodrigo e João.
Ao meu neto por afinidade, Malik.
Ao meu mais recente neto, Manuel.
Pela continuidade da família e orgulho nas pessoas que são.

À minha mulher, Lina, pelo amor, carinho e companheirismo.

Em homenagem ao povo da Ucrânia e à paz

> *Acredito que a tecnologia do futuro deve ser usada para criar mais tolerância e ajudar as pessoas e não para as destruir.*
>
> Olena Zelenska, primeira-dama da Ucrânia
> no Web Summit 2022, Lisboa

HUMANTECH MARKETING (2030)

Marketing Molecular e Humano
Economia Pós-digital Interoperável
H2H
Web 4.0
Interacções *Onlife*
Blockchain
Personalização de Massa
Planeamento Dinâmico
Quantum Marketing
Marketing Prospectivo
Ética e Propósito
Internet-of-Senses
Internet-of-Behaviour
Internet-of-Brains
Sentiment analysis
Inteligência Artificial
Dronevertising
Data-driven Marketing
Hyperlocal Marketing
User-generated Content
Natural Language Processing
Metamarketing
Metabranding
Decentralized Finance
Instant Shopping
Marketing emocional
Virtual outfit trials (voice controlled)
Humantech Marketing
Marketing Biométrico
Realidade Estendida
Relações Experienciais Imersivas
Transparência, Reputação e Privacidade

Marketing Sustentável
Comunicações 6G
Indústria 5.0
Brainvertising
Marketing Conversacional
Gamificação
Brain-computer Interfaces
Bot-optimized Marketing
Multisensory Extended Reality
Impressão 4D
Machine/Deep Learning
Human-centric AI
Generative AI
Digital ethics
Neural Networks
Smart Wearable Devices
Computer Vision
User-experience Design
Metaverso e NFT
Metacommerce
Phygital World
Robótica avançada
Ubiquitous Internet
Omnicanal com entrega onde cliente deseje
Holograms and haptics
Computação neuromórfica
Synthetic data

A melhor forma de prever o futuro é criá-lo.

Abraham Lincoln

A representação gráfica da capa, segundo os seus autores

A *data aesthetics*, uma sub-área da visualização de informação, tem como principal foco a criação de novas abordagens visuais para a representação de dados. Enquanto a Visualização de Informação estuda a eficiência e a funcionalidade dos modelos visuais, a *data aesthetics* procura explorar modelos cuja visualidade desperta interesse e curiosidade no utilizador. Neste projecto de *data aesthetics*, intitulado *swarming consumptions,* desenvolvemos um gerador inteligente de artefactos visuais que, apesar de se basear em dados reais, tem liberdade na construção da forma, permitindo uma maior expressão visual, mais orgânica e adaptada ao leitor.

O sistema por trás de *swarming consumptions* tem por base um conjunto de agentes reactivos que desenham cada visualização, baseando-se em dados relacionados com o consumo dos portugueses numa das maiores empresas de retalho em Portugal. Através de Inteligência Artificial, a parametrização dos agentes evolui, permitindo ao utilizador explorar uma grande diversidade de artefactos visuais sobre os mesmos padrões de consumo.

Autores das figuras da capa:
Catarina Maçãs, Penousal Machado e Nuno Lourenço — Professores e Investigadores do CISUC, Departamento de Engenharia Informática, Universidade de Coimbra.

ÍNDICE

PRÓLOGO

No meu último livro[1], apresentei o que considero ser o caminho para um novo paradigma de marketing, atendendo à contínua evolução da tecnologia disponível, a decorrer na década em que vivemos, até ao limiar dos nos 30 deste século.

Vários autores têm vindo a publicar sobre o impacto disruptivo das tecnologias no marketing e na sociedade. Em particular, salientaria, Rajamannar, Kotler, Quinn, Colon, Dru, Parvatiyar, Sisodia, Wind, Viswanathan, Zaltman, Gabriel, Day, Batra, Prudente *et al.*, Shainesh, Brock, Kumar, Shah, Malhotra, Lecinski, entre outros.*

O desenvolvimento conceptual desta ideia conduziu ao que considero que este caminho dará origem: o Marketing Molecular e Humano, como eu o designo; a era do *Humantech*, em que toda a envolvente tecnológica e a actividade industrial vão estar centradas no ser humano

[1] Oliveira, Carlos Manuel (2020) *Marketing Pós-Digital. O marketing à medida do ser humano*, Actual Editora,

* Rajamannar, Raja, 2021; Kotler *et al.*., 2021; Quinn, 2019; Colon, 2016; Parvatiyar, 2019; Sisodia, Wind, 2017; Viswanathan, 2019; Zaltman, 2003; Gabriel, 2019; Day, 2016; Batra,2019; Prudente *et al.*, 2018; Shainesh, 2018; Brock, 2019; Kumar, 2019; Shah *et al.*, 2019; Malhotra *et al.*, 2017; Lecinski, 2021; entre outros.

e nas suas necessidades e interesses. Trata-se daquilo que o marketing vem prometendo desde os seus primórdios, agora numa perspectiva «molecular», isto é, concebendo e disponibilizando ofertas e experiências individualizadas para cada pessoa, encarada como uma entidade própria, diferente das outras.

A evolução tecnológica é tão rápida, mesmo exponencial, que as estruturas empresariais, os profissionais e até os académicos têm, por vezes, dificuldade de assimilar e traduzir, nos seus modelos de análise e nas suas práticas, as vantagens e os impactos disruptivos que ela aporta às suas actividades.

São relevados especialmente neste livro o marketing e a gestão; temas estes que as novas tecnologias disponíveis têm permitido, e irão permitir ainda mais no futuro, caminhar para uma fusão crescente (Brinker, Agosto 2011)[2], conduzindo ao que designamos por *Humantech Marketing*, acentuando a importância da tecnologia ao serviço do *marketing* e do ser humano.

É o profissional de marketing um dos principais responsáveis por alertar os outros agentes empresariais da necessidade de adoptar as mudanças necessárias e que a tecnologia procura satisfazer cada vez mais, conduzindo as suas unidades aos melhores resultados possíveis num contexto concorrencial aberto e intenso.

Os profissionais de *marketing* encontram-se, em consequência e permanentemente, perante novos desafios, não só na sequência do emergir das técnicas do *marketing* digital, mas, em especial, perante um futuro desafiante e exigente, que obriga ao conhecimento e compreensão de tudo o que rodeia o desenvolvimento crescente das tecnologias de informação e comunicação.

Este livro, *Humantech Marketing*, abrange principalmente três áreas: **a transformação digital**, em que não se pretende uma visão aprofundada de todos os processos envolvidos, mas sim um foco nas alterações

---

[2] O termo «martech» foi divulgado pelo programador e empreendedor americano, Scott Brinker no blogue Chiefmarte" 2008–2011.

empresariais que a mesma provoca; as **tecnologias** ao dispor do marketing, em particular no que respeita à Inteligência Artificial (IA) e suas aplicações; e os **temas do presente e do futuro do marketing**, em que se referem as diversas áreas do marketing e da sociedade impactadas pelas tecnologias descritas, com especial relevância para o metaverso.

Sempre que possível, cada capítulo contém diversos exemplos de projectos e empresas, relacionados com o tema em questão.

Diria que este livro completa, e é completado, pelo meu livro anterior *Marketing Pós-digital*, cujos temas se interligam, sendo que alguns deles se encontram mais aprofundados num ou noutro.

Espero que esta contribuição possa ajudar os novos profissionais no desenvolvimento das suas carreiras, os estudantes do ensino superior das áreas da gestão e do marketing, assim como aqueles com formação anterior, mas que inevitavelmente, para o bom exercício das suas actividades, têm de estar a par deste novo e admirável mundo do marketing, cada vez mais tecnológico, mas também mais centrado no ser humano.

O acumular de experiências da minha vida empresarial, académica e associativa, pelas trocas de informação com muitos profissionais de marketing e de gestão, pelas visitas que tive oportunidade de fazer, em Portugal e no estrangeiro, a algumas empresas e espaços comerciais, e a respectiva produção académica na área conduziu a este novo livro no qual se desenvolvem e aprofundam os conceitos anteriormente apresentados, obedecendo a esse quadro paradigmático.

Pedindo desculpa por não mencionar individualmente cada um deles, gostaria finalmente, de dar uma palavra de agradecimento a todos aqueles representantes de empresas que acederam dar alguma informação sobre as mesmas.

Não posso também deixar de agradecer às empresas que sempre têm apoiado estas minhas aventuras na escrita sobre o marketing. O meu contínuo e renovado muito obrigado ao Grupo Nabeiro e à Delta Cafés, na pessoa do seu CEO, Rui Miguel Nabeiro, à EDP, na pessoa de Catarina Barradas, Directora de Marca, e ao Grupo de Hotéis Vila Galé, ao seu administrador, Gonçalo Rebelo de Almeida.

Finalmente, o meu forte agradecimento a quem viabilizou que os meus dois últimos livros e, agora este, vissem a luz do dia, a Actual Editora/Grupo Almedina, que nunca hesitou em aceitar de imediato a sua publicação. O meu obrigado especial à sua editora, Ana Margarida Pinheiro, e também a quem aceitou fazer, com valor acrescentado para a obra, a representação gráfica da capa: Catarina Maçãs, Penousal Machado e Nuno Lourenço — Professores e Investigadores do CISUC, Departamento de Engenharia Informática, Universidade de Coimbra.

Carlos Manuel de Oliveira
Abril 2023

Apoios

1

INTRODUÇÃO. *HUMANTECH MARKETING*: O MARKETING MOLECULAR E HUMANO

A maior automação e o apoio da Inteligência Artificial vai dar mais tempo e mais instrumentos aos marketers, para se focarem nos clientes, na criatividade e na inovação.

Chief Martech/WPP

As grandes transformações. O *Humantech Marketing*

O mundo atravessa grandes transformações em todas as áreas: geoestratégicas, climáticas, demográficas, urbanísticas, saúde pública, gestão de recursos, políticas, económicas. As mega-tendências são conhecidas e determinam e condicionam o enquadramento geral da economia, da gestão e também do marketing.

Em particular, a tecnologia e a evolução da indústria vão criando condições para o exercício de um marketing cada vez mais customizado e em tempo real, possibilitando o desenvolvimento de experiências perfeitamente ajustadas a cada cliente, face à disponibilidade, tratamento e interpretação dos dados relacionais e à possibilidade crescente da indústria gerar produtos personalizados numa cadeia de produção, totalmente automatizada e inteligente.

Megatendências	Ser Humano (alterações comportamentais)	Tecnologia (evolução exponencial)	Indústria	Comércio
Alterações climáticas Demografia - Envelhecimento - Explosão demográfica Urbanização Escassez de recursos Saúde Transparência e Segurança Sustentabilidade Inclusão Globalização vs Novos equilíbrios geo-estratégicos vs. Proteccionismo	Conveniência Saúde e Bem estar Personalização Relevância Sem obstáculos Experiências imersivas Multiculturalidade Economia partilhada Nómadas digitais Simplicidade Confiança Activismo OnLife Trabalho híbrido Ética Busca da Felicidade Consciência pela Humanidade Agora!	*Mobile* *Big Data* *Edge e Cloud computing* 3D Internet Omnipresente Comunicações 5G; 6G Robótica Veículos autónomos Analítica avançada Inteligência Artificial Realidade Aumentada Realidade Virtual Realidade Extendida *IoE, IoS* Biometria Nanotecnologia Wearables Hologramas Computação quântica Blockchain Cidades inteligentes	Indústria 4.0 Indústria 5.0 *Direct-to-consumer* Cibernética Flexibilidade Interconectividade Engenharia genética Economia circular Automação ao limite Digital total Fábricas inteligentes Racionalidade nos recursos Inovação, Disrupção e Mudança permanente	Comércio electrónico *Direct-to-consumer* Verticalização Integração *on/offline* Complexa gestão de *stocks* Eliminação das fricções Automação Integração *CRM/B2B* Logística Entrega rápida Práticas sustentáveis Estratégias de fidelização Ambiente Experiencial *Shopping Experience*

Oliveira,2022

A tecnologia e a indústria vêm trazendo novas soluções que vão permitindo uma evolução rápida — nalguns casos, exponencial. A riqueza mundial tem vindo a aumentar, não obstante o aprofundar das desigualdades sócio-económicas e da fome no mundo. Em particular, a tecnologia vem facilitando novas soluções, algumas das quais desde que concebidas e desenvolvidas no sentido de privilegiar a centralidade e a humanidade, permitem um aumento mais rápido da produção, a criação de novos empregos e uma potencial diminuição das carências existentes.

Alguns países, conseguiram ultrapassar o elevado grau de pobreza vencendo o desafio do crescimento económico e criando condições mais favoráveis para as populações.

Grandes transformações processam-se a nível da ciência, da técnica, da gestão, do marketing. Um mundo cada vez mais virado para a criatividade, a inovação permanente, mas também mais transparente, com uma economia mais centrada na pessoa, mais empática, mais humana. No que concerne os negócios, os fenómenos disruptivos sucedem-se e assim continuarão, levando a alterações substanciais na organização das empresas, a uma maior agilidade e fluidez de processos, permitindo um aumento da capacidade de adaptação à mudança permanente.

As grandes transformações

	De →	Para
	Ciência Tecnologia Engenharia Matemática Privacidade Exploração matérias-primas	**Criatividade** **Originalidade Reciprocidade** **Empatia** **Intuição** **Transparência** **Sustentabilidade**
Do mundo	Um Mundo: Racional Lógico Previsível	**Aleatório** **VUCAA: *Volatility, Uncertainty, Complexity, Ambiguity, Acceleration***
Do negócio	Concorrência Manipulação Ultra racionalidade	**Colaboração** **Resolução de problemas** **Emoção**
Da gestão	Comando hierárquico Estruturas de controlo, rígidas	**Achatamento hierarquias** **Estruturas (networks) flexíveis, multifuncionais e multiespecialistas**
	Centralidade: Eficiência Controlo Redução de custos Lucro Consumidor Gestão curto prazo	**Conexão** **Velocidade/Adaptabilidade** **Empowerment** **Estímulo** **Propósito e Stakeholders** **Ser Humano** **Gestão médio/longo prazos**

Fonte: baseado em Michael Haupt e Tanmay Vora,
adaptado e desenvolvido por Oliveira, 2022.

Alguns dos principais desafios actuais centram-se no aproveitamento da digitalização, a par da construção de soluções sustentáveis que, pelo menos, minorem os efeitos prejudiciais da industrialização sobre o planeta e as populações. Procura-se, assim, também com o apoio da tecnologia, atingir um mundo mais criativo, mais empático, mais sustentável, mais conectado, mais inclusivo e com menos discriminação — enfim, mais humano.

Neste contexto, qual é o papel da tecnologia, qual é o papel do marketing e da gestão, no sentido de aproveitar as oportunidades e contribuir efectivamente para a resolução dos principais problemas da humanidade?

O papel da tecnologia e do marketing é o de contribuir para um mundo melhor, um mundo em que o Homem constitua a razão principal da existência de tudo, dos Estados, das empresas, das organizações e da economia.

É também por isto que redijo estas linhas. Para além do aspecto técnico, pretendo que também estas possam contribuir para a maior consciencialização e intervenção de todos como personagens activas na transformação das suas organizações, dos seus negócios; para uma economia mais próspera e socialmente mais justa.

O Homem e a máquina

It will be the age of augmented marketers and augmented consumers.

Scott Brinker, Chief Marketing Technologist,
VP Hubspot

Três das grandes forças acima referidas têm vindo a mudar o marketing: as tecnológicas, as sócio-económicas e as geopolíticas. Com o progressivo desenvolvimento da automação e da IA, cada vez mais tarefas até agora desenvolvidas por humanos vão sendo efectuadas por máquinas; não só puras tarefas repetitivas, mas também outras que envolvem alguma capacidade de raciocínio — automatizável — que a IA permite. Difícil será, contudo, pelo menos na presente década, transpor para as máquinas certas características dos seres humanos, tão necessárias no que respeita ao relacionamento e à comunicação humana, como a emotividade e a capacidade criativa inovadora e empática. Ainda assim, assiste-se hoje à utilização da capacidade computacional para apoiar, no domínio da gestão de marketing, de uma forma mais rápida, com menos erros e mais eficientemente, o gestor de marketing, libertando-o para, com a criatividade necessária, poder satisfazer, a cada momento, as necessidades e as expectativas dos clientes.

A IA coordenará, cada vez mais, este tipo de automações tácticas, desde que não haja nas tarefas que lhe cabem demasiada abstracção e ambiguidade, sendo que o humano continua a deter capacidades superiores para lidar com eventuais juízos de valor que sejam necessários. Assistir-se-á a uma verdadeira simbiose complementar Homem-máquina: uma convergência ciber-física que irá permitir fluxos de informação e conversação entre humanos, máquinas e algoritmos.

O ser humano — o profissional de marketing — complementará o poder algorítmico da máquina com a sua visão estratégica, pensamento integrado, intuição, imaginação e empatia, dispondo de uma capacidade superior de interpretação e julgamento. Mas fá-lo-á, graças ao apoio da máquina, dotado de uma capacidade aumentada, o que Brinker (2020) designa por «*augmented marketers*». A complementaridade e necessária coerência e modelização do pensamento humano conduz, no que respeita ao marketing, a um estado em que a tecnologia se encontra em estreita fusão com a *performance* humana e que designo por «*Humantech Marketing*». Assistir-se-á, assim, a uma cada vez maior especialização e partição de tarefas entre a máquina e o Homem, que vão assumindo o papel principal, determinante, nas várias situações em causa; no caso do marketing, nas vendas e serviço a cliente, no comércio electrónico e no comércio automático por *bot*.

	Comprador humano	Comprador máquina	Vendedor máquina	Vendedor humano
H2H **Vendas e Serviço**	**Papel principal** Apreciar as dimensões experiencial e social da compra	**Papel de apoio** Envolvimento com pessoas Memória aumentada	**Papel de apoio** *Martech* Tecnologia experiencial	**Papel principal** Relações pessoais e empatia com os clientes
H2M **Comércio electrónico**	**Papel principal** Explorar canais digitais Envolvimento em redes sociais	**Papel de apoio** Avaliar vendedores Monitorizar distribuição e serviço	**Papel principal** Experiências e comércio *online* multicanal	**Papel de apoio** Experiências diferenciadas Monitorizar compras
M2M **Comércio por bot**	**Papel de apoio** Configurar *bots* Estabelecer regras de compra ética	**Papel principal** Encontrar e avaliar vendedores Escolha das melhores opções Compra computacional	**Papel principal** *SEO/Buyer bots* Venda computacional Ganhar as melhores ofertas	**Papel de apoio** Configurar *bots* vendedores competitivos Monitorizar vendas e *performance*

Fonte: adaptada de *chiefmartech.com*.

Do *Martech* ao *Humantech*

Ao longo das últimas décadas, múltiplas soluções tecnológicas, nomeadamente *software*, têm vindo a ser desenvolvidas, através de aplicações directamente ligadas à função marketing aportando, numa perspectiva técnica, maior eficiência e eficácia a essas funções — o designado *Martech*. A tendência actual é que essas soluções sejam cada vez mais construídas numa óptica centrada no cliente, no consumidor, no ser humano.

Exemplo de algumas soluções *Martech*

Google Analytics — tempo de navegação, origem dos utilizadores, páginas mais vistas, tempo de permanência na página, perfil do utilizador e outros.

Mailchimp — email marketing, CRM, *Analytics*.

Hootsuite — Gestão de redes sociais, comércio electrónico.

Salesforce — CRM, gestão do funil de marketing, segmentação, campanhas direccionadas.

É através dessa centralidade que se pode atingir a sua melhor aplicação aos interesses das pessoas e, em consequência, os melhores resultados para as empresas. Trata-se de uma visão *upside down*, ou de fora — do mercado — para dentro — a empresa.

Despontam então, em nosso entender, os conceitos de *Humantech* e *Humantech Marketing*, que expressam a concepção e desenvolvimento de todo o manancial tecnológico, na óptica referida, expressando interacções bilaterais entre as empresas e os consumidores, através de máquinas e *software*. Este «novo» ambiente já está ditando, e ditará, o futuro previsível do marketing e das suas técnicas, na perspectiva referida, centrada no ser humano e nas suas necessidades actuais, antecipando as futuras.

O marketing tem sido, ao longo dos anos, o impulsionador de várias áreas da inovação, na indústria ou no comércio, na medida em que o seu foco é a pesquisa e o conhecimento das necessidades e interesses do consumidor, das pessoas, na sua vida quotidiana. Em consequência, o trabalho de criatividade dos seus profissionais procura dar resposta a estas questões, através da criação e disponibilidade no mercado, de soluções de produto, de serviço e de experiências que possam conduzir ao interesse na relação com as empresas e, em consequência, à geração de resultados para elas.

É impossível falar de marketing sem falar em inovação constante. O marketing, as suas estratégias e tácticas, dependem da evolução dos mercados, dos consumidores e de todos os agentes que se encontram na cadeia de valor desde a produção ao consumo, isto é, de todos os *stakeholders*. Acresce que, para as empresas promoverem um desenvolvimento de um processo de inovação contínuo, há necessidade de serem flexíveis, ágeis, abertas à mudança, com um horizonte de gestão de médio/longo prazo. O marketing assume um papel relevante neste processo, constituindo um *trigger* para o mesmo, na medida em que acompanha e antecipa a evolução dos mercados, das tecnologias e dos comportamentos dos consumidores.

Olhar retrospectivo sobre o conceito de marketing

O marketing começa a deter um carácter científico, principalmente, com Kotler, na obra *Marketing Management* (1967), na qual sintetiza um conjunto de princípios que vieram permitir à gestão o conhecimento e análise do comportamento dos consumidores e do mercado, assim como a capacidade de previsão dos seus comportamentos.

A evolução dos mercados e das tecnologias veio permitir que o marketing atravessasse um conjunto de fases, desde a primeira Revolução Industrial, do século XIX, o início da época da produção em massa, em que o foco se centrava no produto e na sua produção e venda (*Marketing 1.0*), atravessando os anos 60, em que, a par do desenvolvimento de técnicas estatísticas, o foco passa a ser no consumidor e na sua segmentação (*Marketing 2.0*). Com o despertar do novo século, novas preocupações se afirmam, como a satisfação do consumidor e o início da preocupação da disciplina com o ambiente e com os valores, o *Marketing 3.0* (Kotler, 2010).

Kumar (2018), aponta para a necessidade de um novo marketing, que designa por «transformative marketing», na sequência dos múltiplos impactos, que a tecnologia, os recursos ambientais e a sustentabilidade, as preferências dos consumidores, a regulação, as forças económicas, a globalização e a necessidade de maior eficiência do marketing, requerem.

Com a primeira década deste século, desponta a era digital e das redes sociais, que Kotler designa por *Marketing 4.0* (2017). O mesmo autor (Kotler, 2021) define o *Marketing 5.0* como «a aplicação de tecnologias de imitação humana para criar, comunicar, entregar e aumentar o valor ao longo da jornada do cliente», salientando que essas tecnologias têm como objectivo emular as capacidades dos profissionais de marketing. Também Rajamannar (2021), na sequência dos quadros anteriores apontados por Kotler, defende que o quinto paradigma — o *Quantum Marketing* — se trata de uma era de disrupções exponenciais, derivadas das tecnologias emergentes. Segundo ele, «as mudanças resultantes (da tecnologia) no panorama dos consumidores, obriga os profissionais de marketing a terem de entrar na dinâmica do novo paradigma e terem de reinventar toda a sua perspectiva de encarar o mercado».

O marketing começa a sofrer uma verdadeira transformação, criando técnicas e instrumentos e adaptando-se aos novos ambientes comunicacionais e colaborativos que as tecnologias e os comportamentos dos consumidores começavam a exigir. Esta nova situação veio possibilitar a mudança dos modelos de negócio da oferta para a procura, em consequência da alteração das expectativas dos consumidores, através da crescente personalização esperada da experiência do cliente (Venkatesan, Raj *et al.*, 2021).

O marketing é já, actualmente, uma disciplina complexa, em virtude da interligação que tem com muitas outras áreas do conhecimento, como a tecnologia, a psicologia, a economia, a matemática e a neurociência, exigindo-se ao profissional de marketing uma compreensão abrangente das possibilidades que cada uma dessas áreas científicas lhe pode aportar. Isto, porque os clientes têm, cada vez mais, a expectativa de um envolvimento hiper-personalizado, ultra-conveniente, de experiências alargadas e conexão com a comunidade, ética e sustentabilidade.

Na senda de Kurzeil (2005), futurista e CTO da Google, a interacção e a convergência das tecnologias caminha para o que designa por Singularidade. Este «estado» será aquele em que a IA ultrapassaria a inteligência humana e perante o qual, segundo ele, os seres humanos tornar-se-ão *cyborgs* (parte humanos, parte máquina) como acontece, exemplificando, com os exo-esqueletos ou os interfaces computador/cérebro. Aliás, neste campo, a empresa americana Neuralink, de Elon Musk, tem vindo a desenvolver *hardware* e *software* com interfaces implantáveis no cérebro humano. Contudo, devido à complexidade do cérebro humano, não se conhecem totalmente os impactos que essas soluções poderão ter na comunicação bilateral homem–máquina, assim como no eventual «enriquecimento» de troca de informação que a cada um poderá acrescentar.

Todos estes desenvolvimentos na tecnologia e nos fenómenos socioeconómicos geram um clima de grande dificuldade de previsão do futuro, em grande parte dependendo da forma como a tecnologia se vá, progressivamente, ajustando aos interesses dos seres humanos. As experiências de interacção homem–máquina já efectuadas até ao momento, como o caso da Wits University na África do Sul, (*vide* 2.11.) permitem criar fluxos de informação bilateral — inclusive a memória — os quais, certamente, poderão vir a transitar em ambientes comunicacionais alargados como o caso da internet (*internet-of-brains*).

2

A TECNOLOGIA AO SERVIÇO DO MARKETING E DA HUMANIDADE

A. A TRANSFORMAÇÃO DIGITAL

A Transformação Digital (TD) não trata de introduzir técnicas e soluções *online*, mantendo os modelos de negócio anteriores. É uma mudança de mentalidade que as empresas têm de atravessar, e muitas já estão a fazê-lo, a fim de se tornarem mais modernas e acompanharem os avanços tecnológicos.

Um processo de TD não é o mesmo que a introdução do marketing digital. Marketing digital é a utilização de técnicas, com base em tecnologias disponíveis, que permitem atingir objectivos, de entre os quais, a melhoria e a maior eficácia na relação com o cliente ou a maior personalização das ofertas, postas em prática pelas áreas de marketing e de vendas. Já um processo de TD é holístico, envolve a globalidade da organização, permitindo uma ainda maior eficácia nessas relações. Em termos simplistas, dir-se-ia que a mera utilização do marketing digital — sendo um grande avanço face às técnicas tradicionais —

acaba por ser a substituição das técnicas tradicionais por outras mais automáticas, enquanto um processo de TD é mais total, envolve toda a organização e altera por completo o funcionamento da empresa.

TRANSFORMAÇÃO DIGITAL	**MARKETING DIGITAL**
Alteração do modelo de negócio	Introdução de técnica digitais
(ex: alterar globalmente a experiência de cliente)	(ex: medias sociais)
IA	*SEO*
RA, RV	Marketing de conteúdo
Bots	*Email marketing*
IoT	*Social media marketing*
Big Data	*Referral marketing*
Blockchain	*Affiliate marketing*
Voice Search	

Processo para a Transformação Digital

A TD deve começar com a declaração de um problema, com uma clara oportunidade, ou com um objectivo aspiracional. Trata-se de um processo de utilização de tecnologias digitais para criar e alterar processos de negócio e a cultura das organizações, para melhorar as experiências dos clientes e expectativas de marca e aumentar o valor entregue, com o fim de atingir metas de negócio e de mercado.

Passos para a Transformação Digital

1. **Definir o líder da transformação (CEO? CMO?).**
2. **Definir níveis da experiência de cliente.**
3. **Fomentar uma cultura criativa e de mudança digital. Avaliar e contratar as competências necessárias.**
4. **Repensar o modelo de negócio a curto, médio e longo prazos.**
5. **Investir nas tecnologias mais adequadas.**
6. **Envolver todos os elementos da equipa.**
7. **Trabalhar os dados disponíveis dos clientes. Orientação forte para a recolha e tratamento de dados.**
8. **Segmentar. Elaborar insights. Estabelecer *Key Performance Indicators*.**
9. **Reavaliar continuamente alteração nas expectativas dos clientes e nos objectivos da empresa.**

A TD tem de passar por diferentes etapas:

1. DEFINIR O LÍDER DA TRANSFORMAÇÃO

É indispensável que a escolha deste líder se situe ao nível do topo da empresa, no CEO ou no CMO, membros da administração que têm uma visão global da organização. A TD deve também estar centrada no cliente de forma a assegurar a determinação deste na importância desse processo que vai impactar toda a organização.

2. DEFINIR NÍVEIS DE EXPERIÊNCIA DE CLIENTE

Não se trata de um conceito vago, mas da definição clara do que significa para a empresa a experiência de cliente, tendo o mesmo como foco principal. É necessário criar métricas que indiquem os objectivos a atingir.

3. FOMENTAR UMA CULTURA CRIATIVA E DE MUDANÇA DIGITAL. AVALIAR E CONTRATAR AS COMPETÊNCIAS NECESSÁRIAS

Numa determinação *top-down* tem de ser fomentada uma cultura de inovação e criatividade. A mudança digital — *digital first* — deve constituir a espinha dorsal da transformação. A empresa tem de ter uma mente aberta, uma estrutura e organização ágeis que facilitem a mudança, não obstante os riscos da mesma. Caso não existam, a empresa tem de ir buscar ao mercado as competências necessárias, caso se trate de uma pequena organização, deve avaliar a possibilidade de ter alguém externo que possa apoiar o processo.

4. REPENSAR O MODELO DE NEGÓCIO A CURTO, MÉDIO E LONGO PRAZOS.

Um processo de TD envolve alterações em toda a estrutura e organização. Trata-se de reconceber — no caso de uma empresa já existente — ou de conceber um nível de organização, de fora para dentro, totalmente centrada no cliente. De alguma forma, a questão que se coloca é como organizar uma empresa concebendo processos de criação e entrega de valor que sejam simples, acessíveis, ágeis, com o mínimo de fricções possível para os clientes.

5. INVESTIR NAS TECNOLOGIAS MAIS ADEQUADAS

Após a definição das decisões estratégicas que têm de ser tomadas, há que avaliar então quais as tecnologias a utilizar, as quais devem sempre constituir um meio e não um fim. Uma dada estrutura, uma dada organização, que se pretende construir vai ser facilitada por diversos tipos de soluções tecnológicas que permitam viabilizar os objectivos estratégicos.

6. ENVOLVER TODOS OS ELEMENTOS DA EQUIPA

Tratando-se de um processo com implicações globais na empresa, há que envolver todos os elementos da organização — os que vão estar directamente envolvidos, mas também aqueles que, não o estando, têm de interiorizar a importância do processo para a mesma e para os clientes. As directrizes devem ser claras e comunicadas a todos os colaboradores. A falta de envolvimento é causa de algumas situações de insucesso em processos deste tipo.

7. TRABALHAR OS DADOS DISPONÍVEIS DOS CLIENTES

A concepção de experiências relevantes para os clientes só é possível através de um conhecimento profundo dos mesmos, das suas preferências, necessidades e comportamentos. É fundamental a recolha sistemática de dados dessa relação, incorporados em sistemas de CRM ou outros, de forma a que possam ser conhecidos e trabalhados. Assume aqui um papel relevante a análise desses dados através de sistemas de IA que possam rapidamente, no momento, determinar as acções de marketing e comerciais mais adequadas a cada cliente.

8. SEGMENTAR. ELABORAR *INSIGHTS*. ESTABELECER KPI

A análise dos dados vai permitir um processo de segmentação mais fino com base nos perfis comportamentais dos clientes na relação com a empresa. É pressuposto que, após essa análise, se inicie um processo de criação de *personas* correspondentes aos segmentos em que a empresa quer actuar e ao perfil dos clientes existentes. Após a definição das *personas*, há que elaborar os *insights* mais relevantes após a análise dos comportamentos, gostos e necessidades, de forma a detectar que tipo de acções a desenvolver e o momento de as realizar.

O estabelecimento de indicadores de *performance* — KPI — vai ajudar a orientar e guiar as acções subsequentes, servindo para avaliar de que forma os grandes objectivos estão a ser cumpridos. É claramente necessário que estas metas quantitativas sejam estabelecidas, de forma a se poder ter uma visão clara do caminho que se está a prosseguir. Verifica-se alguma alteração no nível de satisfação dos clientes? Aumentou o grau de fidelização traduzido na recorrência de compras? As vendas aumentaram? Estão a ser atingidos os níveis de rentabilidade desejados? São exemplos destes possíveis indicadores os tempos máximos de espera de atendimento ou grau de satisfação com o serviço prestado, de entre tantos outros.

9. REAVALIAR CONTINUAMENTE ALTERAÇÕES NAS EXPECTATIVAS DOS CLIENTES E NOS OBJECTIVOS DA EMPRESA

A introdução de KPI permite uma avaliação contínua sobre o cumprimento dos objectivos fixados, a nível dos clientes e da empresa. Num ambiente de mudança tecnológica e comportamental constante, por parte dos clientes, esta avaliação de metas não pode ser estática, de forma a possibilitar a eventual correcção das políticas e acções previamente definidas, e as tecnologias existentes já permitem fazê-lo.

Partindo da Visão do negócio e do Propósito, Solis *et al.* (2016) referem que há sete áreas que têm de ser contempladas no sentido de se poder criar novas experiências aos clientes: Orientação, Objectivos, Pessoas, Estrutura, Processos, Tecnologia e *Insights*, às quais acrescentaria a Execução.

Oito áreas a contemplar na Transformação Digital

Fonte: Solis, Brian/Szymanski, Jaimy, Altimeter/Prophet, 2016

1. CULTURA

Estes processos exigem uma liderança *top-down*, com directrizes claras, participadas e comunicadas, uma cultura digital e de inovação, centrada — efectivamente — no cliente. A TD, como foi referido, visa melhorar a experiência deste último, tendo como consequência uma maior agilidade operativa, a alteração da cultura e da liderança, a integração digital tecnológica (*vide*, Oliveira, 2020) e uma maior capacitação dos trabalhadores.

2. ORIENTAÇÃO E ESTRATÉGIA

Ponto-chave, a orientação do negócio e da actuação para o cliente deve partir do exemplo dado explicitamente pela direcção de topo da empresa, transmitindo a sua visão e inspirando os colaboradores com a sua capacidade de liderança.

A definição da estratégia a prosseguir num processo de TD é crucial para o seu sucesso. É imperativo o estabelecimento de objectivos e prioridades claras, traduzidos na fixação de indicadores-chave do negócio (KPI).

De entre os modelos de definição estratégica, centremo-nos no *Balanced Scorecard*. Este modelo contempla a definição de prioridades e de fixação de metas que possam, a todo o momento, servir de medida e de guia na condução do negócio.

Balanced Scorecard

A. VISÃO
B. PROPÓSITO
C. PRIORIDADES ESTRATÉGICAS
D. OBJECTIVOS ESTRATÉGICOS (KPI)

Exemplificando, alguns objectivos e métricas que podem ser usadas:

1. Perspectiva Financeira

Indicadores baseados nos investimentos e na rentabilidade:
Return-on-Investment (ROI)
Customer Lifetime Value (CLV)
Custo de Aquisição de Clientes (CAC)
Taxa de abandono (*churn rate*)
Aumento do lucro em *x*%

2. Perspectiva dos Clientes

Características de mercado e clientes:
Retenção de clientes
Aquisição de clientes
Melhorar a experiência de cliente
Grau de satisfação
Quota de mercado

3. Perspectiva dos Processos Internos

Processos e actores da organização que gerem os processos:

Optimizar o atendimento
Produtividade
Compliance
Inovação
Diminuir as reclamações em 80%

4. Perspectiva de Aprendizagem e Crescimento

Projecção futura da empresa em termos dos seus recursos humanos:

Melhorar a força de vendas
Treino
Satisfação dos colaboradores
Substituir *x*% dos colaboradores

E. MÉTRICAS
F. INICIATIVAS/PROJECTOS
G. ORÇAMENTOS

Partindo da Visão, do propósito do negócio e dos objectivos estratégicos-base, o modelo contempla quatro domínios: financeiro, clientes, recursos internos e aprendizagem e crescimento, tendo a vantagem de não ter uma perspectiva parcial, financeira ou de mercado, mas sim contemplando todas essas áreas em conjunto.

A matriz de trabalho contempla a definição cruzada, naquelas quatro áreas, dos objectivos estratégicos, KPI, metas a atingir e as diversas acções a prosseguir, e respectivos orçamentos, que permitirão atingir as metas estabelecidas.

Exemplo

	Objectivos Estratégicos	KPI	Metas Ano 1	Metas Ano n	Programas/Acções
Perspectiva Financeira	*Return on investment*			15%	Captar novos talentos Implementar novo sistema contabilístico
	Customer Aquisition Cost				
	Customer-lifetime value				
	Aumentar fidelização	*Churn rate*			
	Aumentar lucros	Lucro bruto	>5%	>15%	Reduzir despesas supérfluas Aumentar vendas
Perspectiva dos Clientes	Retenção	Clientes existentes-novos/totais	85%	95%	Premiar fidelização
	Aquisição		+10%	+25%	Campanha *member-get-member*
	Grau de satisfação	% Grau	75%	95%	
	Melhorar percepção do mercado	Quota de mercado	5%/ano		Rever oferta e estabelecer *Unique Experience Proposition* Reformulação negócio na óptica da sustentabilidade
Perspectiva Processos internos	Produtividade	Nºclientes/nºcolaboradores	>8%	>30%	Formação de serviço a cliente
	Compliance				
	Reclamações	% reclamações/clientes	5%	1%	Reformulação processos atendimento
	Inovação				
	Novos produtos	novos/vendas	8%/ano		Programa de gestão de marketing
Perspectiva Aprendizagem e Crescimento	Satisfação colaboradores	% colaboradores muito satisfeitos	80%	95%	Criar incentivos relacionados com satisfação clientes

3. PESSOAS E CAPACIDADES

É indispensável que a empresa compreenda os comportamentos dos seus clientes — as suas expectativas e valores, no sentido de antecipar novas oportunidades —, mas também os seus colaboradores. No âmbito do *Humantech*, a tendência existente é a da humanização da tecnologia, pela relevância do aspecto humano em toda a cadeia produtiva, desde a interacção com o colaborador até à experiência do cliente final. A capacitação e a forma como a equipa é tratada constituem pontos importantes para que a transformação digital seja eficaz, produzindo os melhores resultados. A formação, o empoderamento e o envolvimento na estratégia constituem importantes elementos para a entrega de uma experiência personalizada e humana ao cliente.

4. ORGANIZAÇÃO, PROCESSOS E TECNOLOGIA

A TD obriga o repensar de todo o negócio, organização e toda a cadeia de valor. Novas políticas de actuação implicam novos modelos e novos processos. A empresa tem de fazer uma abordagem holística aos processos, aos métodos de trabalho, à organização, às tecnologias existentes e ao impacto operacional de novos sistemas a implementar. É indispensável a disponibilização de acesso omnicanal.

Como base, têm de ser criadas equipas multifuncionais (*cross-functional*) que estudem e implementem os novos processos. O plano a seguir deverá ter o foco no desenvolvimento sustentável, permitindo economias e melhorias operativas e ambientais.

Será também vantajosa a criação de novos espaços de trabalho — *smart workplaces* — que possam criar o equilíbrio entre o virtual e o físico, que sejam abertos e permitam a comunicação fluida.

5. ESTRUTURA

Necessitar-se-á de um funcionamento com equipas multidisciplinares e multifuncionais por projecto, obedecendo ao objectivo central; equipas estas devidamente organizadas com base nas experiências de cliente que se querem pôr em prática e aferidas por claros KPI previamente definidos.

6. *INSIGHTS*

Após a análise dos dados, há que gerar *insights* que marquem as necessidades tecnológicas, no sentido de tornar relevante a experiência de cliente.

7. TECNOLOGIA

Um passo importante são as escolhas tecnológicas, as quais carecem normalmente de consultoria externa. Estas escolhas da infra-estrutura tecnológica mais adequada pressupõem a definição anterior de como se irão processar as jornadas dos clientes e as técnicas que se querem usar. Há que, igualmente, ter em conta as jornadas dos colaboradores na sua relação com os clientes.

8. EXECUÇÃO

Um *roadmap* orientará o processo de TD, contemplando os *stakeholders* que sejam responsáveis pela execução e evolução dos resultados e das métrica pré-fixadas.

O caminho para a Transformação Digital

Com o objectivo de efectuar a transformação digital de uma empresa, há que considerar diversos campos de actuação: tecnologia e tratamento de dados, experiência de cliente e gestão/cultura empresarial (*vide* cap.3).

O caminho para a transformação digital

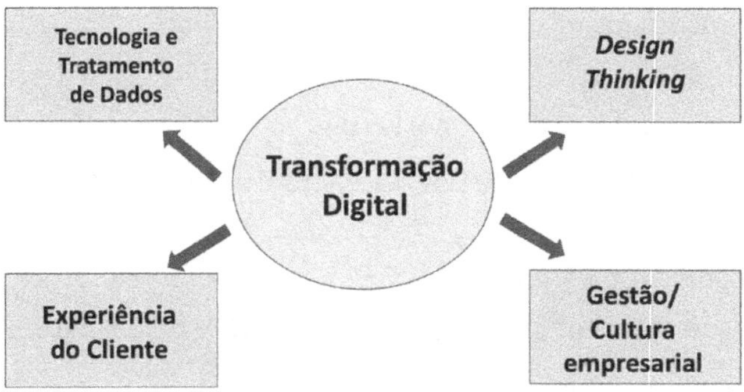

1. TECNOLOGIA E TRATAMENTO DE DADOS

A figura seguinte resume alguns aspectos ligados à tecnologia. A recolha de dados na *cloud* é fundamental para que possa haver uma integração total dos dados de cliente e a sua disponibilização em toda a área da empresa e em todos os canais de distribuição e acesso.

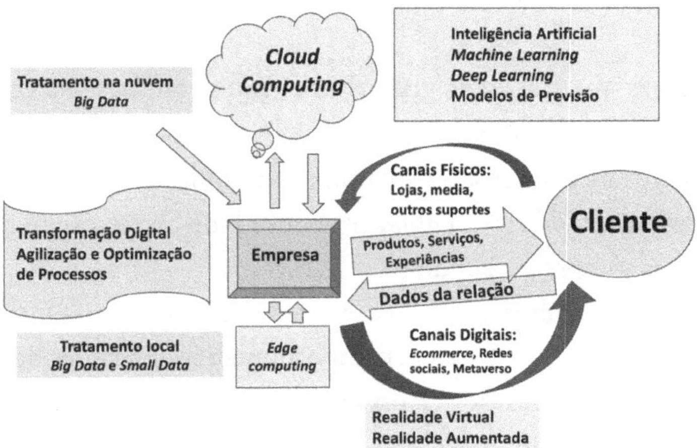

O tratamento e análise dos dados é assegurado por técnicas estatísticas e matemáticas, como modelos de previsão, pela IA, *Machine Learning* (ML) e *Deep Learning* (DL), podendo nalguns casos os dados serem tratados localmente (*edge computing*; *vide* capítulos 3 e 4).

Algumas métricas de marketing

Custo de Aquisição de Cliente (CAC)
Custo médio gasto pela aquisição de um cliente.

Percentagem do custo de marketing
Percentagem do CAC atribuível aos custos de *marketing*

Rácio entre o CLV e o CAC
Quociente entre o *Customer Lifetime Value* pelo Custo de Aquisição do cliente

Tempo de recuperação do CAC
Mede o esforço financeiro de *marketing*, o seu tempo de recuperação do valor despendido na aquisição

Modelos preditivos:

- ***Clusters*** — Criação de grupos de clientes com base na conjugação de diversas variáveis, para a criação de alvos e *personas*.
- **Modelos de Propensão** — Para prever comportamentos, com base no previsto *Lifetime Value*, probabilidade de envolvimento, conversão, compra e abandono.
- **Filtragem Colaborativa** — Para a recomendação produtos, serviços e campanhas, com base em comportamentos anteriores dos clientes.
- **Análise de Regressão** – Para avaliar a correlação entre comportamentos de clientes e decisões de compra.

Exemplo da utilização destas análises é o *Amazon Assistant* que efectua recomendações aos clientes com base nas compras e pesquisas feitas anteriormente.

Fonte: amazon.es.

2. EXPERIÊNCIA DE CLIENTE

A experiência de cliente é o resultado de todas as interacções que o cliente tem com a empresa, pelo que envolve uma complexidade razoável, nem sempre fácil de gerir. O ponto de partida é a existência de uma visão do negócio centrada no cliente. A existência desta visão vai permitir o desenvolvimento de todas as acções de forma coerente com esta abordagem de gestão. Há uma multiplicidade de factores que podem contribuir para uma experiência positiva dos clientes.

O que contribui para a Experiência +

- **Ter uma Visão do negócio centrada no cliente**
- **Antecipar as necessidades**
- **Distribuição Omni-canal**
- **Pós-venda**
- **Capturar *feed-back* (colaboradores e clientes)**
- **Qualidade do produto e serviço**
- **Personalização**
- **Atendimento**
- **Tratamento do cliente como único**
- **Conhecer e Optimizar a Jornada do Cliente**
  Criar uma Relação Emocional
- **Ausência de fricções**
- **Eventuais promoções**

3. *DESIGN THINKING*

Design Thinking «é a inovação na abordagem ao cliente-alvo alimentada pela compreensão e observação directa sobre o que as pessoas querem e precisam na vida e aquilo que gostam e não gostam sobre um produto e/ou a sua embalagem ou no seu todo» (Brown, 2008). Esta metodologia é claramente orientada para o cliente através do conhecimento das suas necessidades e nas tendências da actividade. Trata-se de pensar nos clientes-alvo como se se assumisse a sua identidade, criando soluções viáveis e ajustadas a essas necessidades.

A metodologia *Design Thinking* é composta por um conjunto de fases, não sendo necessariamente um processo linear (*vide* Oliveira, 2020)[3]. Trata-se de uma metodologia importante, porque se adapta perfeitamente a um processo de centralidade na pessoa. Recordemos o processo e as suas cinco fases:

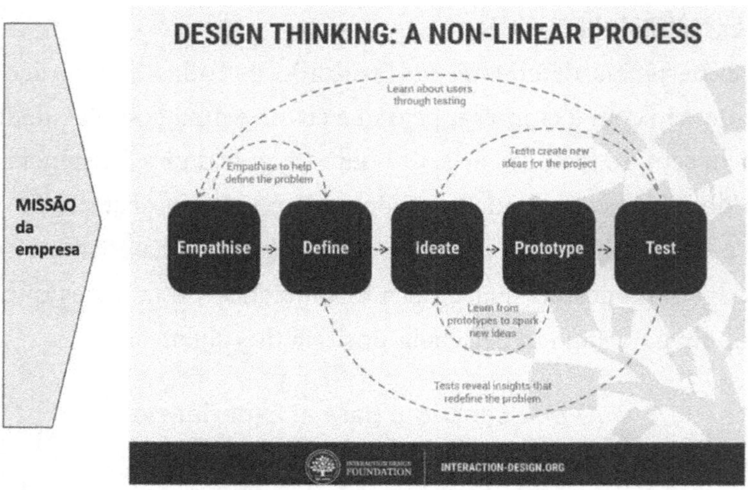

Fonte: *Interaction Design Foundation.*

a) **Empatizar e Investigar:** compreender as necessidades em causa; identificar o problema, as dificuldades e identificar a capacidade de resolução; recolher informação.

[3] Em virtude de ter sido um tema tratado em Oliveira, 2020, optou-se por não repetir o seu desenvolvimento.

b) **Definir:** definição do problema de uma forma centrada na pessoa.

c) **Idealizar:** geração de ideias para tentar resolver o problema; apelar à criatividade do grupo; reunir as condições para elaboração de protótipo de resolução; projectar que alternativas poderão servir para a resolução.

d) **Elaborar protótipo:** criação da solução, de protótipos a serem objecto de teste junto dos clientes-alvo, verificando-se se estão conforme os requisitos existentes. Elaborar objectivos do impacto em custos, prazos e rentabilidades; considerar indicadores de mercado (clientes, satisfação, novos mercados).

e) **Testar, Pré-lançar, Corrigir e Implementar:** lançamento do protótipo e teste. Pressupõe-se que se desenvolva um processo de aprendizagem com o teste para efectuar eventuais correcções e avaliar os erros para futuras melhorias.

4. GESTÃO

Um processo de transformação digital pressupõe alterações significativas na gestão, no seu foco e nas suas práticas. Em primeiro lugar, o modelo de negócio tem de ser alterado da oferta para a procura, isto é, toda a organização tem de ser concebida de forma a melhor facilitar e satisfazer a vida aos clientes.

Fonte: Elaboração própria.

Os cinco pilares da Transformação Digital

Para Rogers (2016), os cinco pilares da TD são os seguintes: clientes, dados, concorrência, inovação e valor.

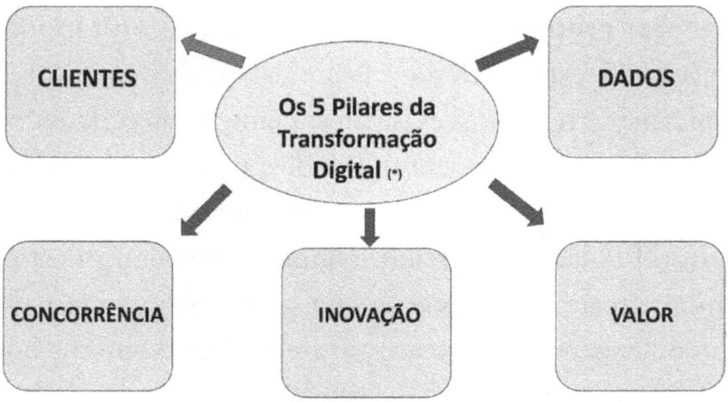

(*) Fonte: Rogers (2016).

1. CLIENTES

Tendo sido assumida a centralidade no cliente, há que aproveitar o seu potencial, em particular o dinamismo das suas redes sociais. A comunicação processa-se nos dois sentidos, cabendo à empresa inspirar a compra, a fidelização e a defesa da marca. Há que observar os comportamentos, personalizar, envolver, procurando a sua colaboração e a sua actuação enquanto influenciadores.

2. CONCORRÊNCIA

Embora simples, a definição de concorrência continua a despertar dúvidas.

Ela assume-se como: 1. Acto de concorrer; 2. Afluência.; 3. Concurso de gente.; 4. Aspiração de muitos à posse ou obtenção de alguma coisa.; 5. [Direito] Alegação de direitos comuns.; 6. Competência (entre comerciantes, etc.). E traduz-se na satisfação de uma dada necessidade — e não pela definição do produto comercializado —, o que Theodore Levitt designava por miopia do marketing.

As alterações das condições de negócio levaram a que as diferenças entre os concorrentes se tornassem mais ténues, proporcionando acções de cooperação em matérias de interesse comum.

Tanto assim é que alguns dos principais activos das empresas passam a residir nos *networks* a que estejam ligados externamente e nas suas relações, pelo que se torna relevante a construção de plataformas entre parceiros que possam trocar valor. Como exemplo disto, destacam-se as parcerias feitas entre a Nike e a Apple (dispositivos de comunicação imbuídos nos sapatos de desporto), Facebook/New York Times (conteúdos de informação), ou a Uber com a AirBnB (rotas e transportes).

3. DADOS

Em qualquer actividade empresarial, são continuamente geradas relações da natureza das mencionadas acima: compras, reclamações de clientes, contactos efectuados nos diversos canais, graus de satisfação, preferência por meios de comunicação, entre outros. O desafio passou a ser transformar esses dados *Big Data*, em conjugação com *Small Data* — em informação relevante para determinar padrões comportamentais, melhorar o serviço prestado, as relações, a personalização das ofertas. Os dados passam a ser um poderoso activo, intangível, para a criação de valor.

4. INOVAÇÃO

Inovar nem sempre se traduz em fazer coisas novas, mas sim em fazer certas coisas de forma diferente. O que é importante é que as decisões sejam tomadas após a realização de testes e a sua validação (*vide design thinking*). Isto implica uma forma de trabalho diferente, baseada na condução constante de experiências e no aprender com as falhas, no sentido de resolver o problema certo para entregar o que o cliente procura. O foco deverá estar em protótipos viáveis e na sua iteração, após o lançamento, de forma a corrigir e adaptar o produto ou o serviço ao interesse do cliente.

5. VALOR

A definição das propostas de valor devem ser efectuadas tendo em atenção as mudanças das necessidades e as preferências dos clientes. Cada mudança pode constituir uma plataforma para a criação de novas soluções de valor ou de um novo negócio.

Vantagens da Transformação Digital para a empresa

- Torna a comunicação mais rápida, segmentada e assertiva.
- Integra sectores, tornando as equipas mais sintonizadas e colaborativas.
- Permite aceder a informações completas de maneira mais global.
- Automatiza processos e diminui a burocratização (melhora a eficiência).
- Redução de custos.
- Favorece as tomadas de decisão através de suporte com dados.
- Melhora a interacção com os clientes por meio de canais mais instantâneos.
- Facilita a análise de desempenho graças a ferramentas de gestão.
- Menos erros.
- Maior rapidez.
- Aumenta a competitividade.
- Permite a criação de novos modelos de negócio.
- Motivação dos colaboradores devido a tarefas menos repetitivas.

Segundo o Center of Business Insights, da tecnológica SAP, 80% das empresas que fizeram uma TD aumentaram os seus lucros; 85% dizem ter aumentado a sua quota de mercado.

Um processo de transformação digital tem, naturalmente, riscos mas quem o não fizer arrisca ficar fora do mercado.

Vantagens da Transformação Digital para os clientes/mercado

- Melhora a experiência e a satisfação do cliente.
- Reduz tempos de resposta.
- Permite um processo de co-criação.
- Atendimento e venda em tempo real.
- Maior personalização.
- Potencial de maior fidelização.

Em síntese, atendendo às experiências já existentes e ao que é possível antecipar, existem diversos factores que poderão justificar o sucesso ou a falha das estratégias de transformação digital, como as abaixo referidas.

Porque são bem sucedidas estratégias de Transformação Digital?
(características culturais)

- **Obcessiva com os clientes. Todo o *mindset* e esforços da equipa estão concentrados nos clientes.**
- **Colaborativa. As pessoas trabalham em equipas *cross-functional* conectadas com a capacidade de executar.**
- **Ágil e Responsável. Os colaboradores aprendem e adaptam-se rapidamente às mudanças, baseadas na estratégia, nos processos, na estrutura e tecnologia, no sentido da criação de valor.**
- **Aberta e Transparente. Os colaboradores trocam ideias e a liderança comunica, com clareza, a estratégia e as prioridades.**
- **Assume riscos e é Inovadora. Os colaboradores assumem riscos calculados e aprendem com eles.**

Porque falham algumas estratégias de Transformação Digital?

- **Falta de visão estratégica holística**
- **Incapacidade de absorver os impactos tecnológicos produzidos**
- **Responsabilidades mal definidas e desalinhadas com a visão, cultura e clientes**
- **Colaboradores mal preparados**
- **Deficiente avaliação dos interesses dos clientes**

70% das transformações digitais falham por falta de envolvimento da organização, tanto dos funcionários como da liderança

McKinsey

A Transformação Digital no sector bancário

(exemplos)

ATM

Áreas automáticas nas agências

Agências servidas por robôs

Online, mobile banking

Fintechs

PayPal, Apple Pay

A Transformação Digital no retalho

Cartões de fidelização
E-coupons
Faróis digitais (*beacons*) ligados a telemóvel
Alertas SMS personalizados
IoT/Amazon
Inventário automático
Sistemas analíticos
Personalização
***Tracking* do comportamento na loja**
***Check-out* automático**

Segundo a consultora Gartner (2021), as tendências futuras da Transformação Digital passam por:

- Internet do Comportamento. Recorrer aos comportamentos digitais das pessoas, detectando as variáveis mais relevantes para influenciar comportamentos.
- Criptografia homomórfica. Criptografia de dados ainda mais segura, permitindo operações sobre os dados sem os descriptografar.
- *Distributed cloud.* Partilha na *cloud*, IoT, 5D, acesso público a informações.
- Hiper-automação. Utilização conjugada da automação robótica, com IA e ML, em todos os processos empresariais (cadeias de valor, fluxos de trabalho, processos de marketing).

Ideias-chave

- A TD permite a criação de novos produtos e serviços que melhoram a experiência do cliente e impulsionam um crescimento sustentável.
- A TD é um investimento em novos sistemas, objectivos, metas e metodologias que tornam os sistemas internos mais eficientes.
- A TD permite obter mais informação e mais pontos de contacto com os clientes.
- A TD, desde que devidamente comunicada internamente e com um envolvimento adequado de todos, possibilita o aumento da motivação de todo o grupo de colaboradores.

Casos de Transformação Digital

Muitas empresas já iniciaram, desde o fim da década passada, os seus processos de transformação digital. Refere-se, seguidamente, alguns dos casos de empresas internacionais que vêm atravessando essa situação, de uma forma transversal a toda a empresa, ou em projectos específicos de melhoria do serviço a cliente.

McDonald's

- A McDonald's está a implantar a TD a fim de tornar o processo mais ágil e colaborativo. Exemplo: os quiosques onde o cliente pode personalizar o hamburguer de forma rápida.
- Em teste, nos EUA, máquinas de atendimento automático com reconhecimento de voz, nos *drive-in,* e também a instalação de menus interactivos, com base em *machine learning,* que sugerem produtos em dadas circunstâncias (por exemplo, um café ou um chá, num dia frio).
- Modernização e sobriedade nas instalações.
- Introdução de uma cultura de *data-driven*, propondo-se fazer a TD no seu modelo de negócio, relacionamento e posicionamento.
- Lançou uma *app* com descontos, cupões e promoções.
- Inteligência Artificial – prevê compras.

Netflix

- Até 1990, a Blockbuster liderava o mercado de aluguer de vídeos. Em 2011, a companhia declarou falência. Naquele momento, ela já encarava a perda de mercado para concorrentes que foram mais ágeis na adequação aos mídias digitais.
- Inicialmente, a Netflix enviava DVD por correio para casa dos seus clientes. Entretanto, a empresa teve a percepção de que as necessidades de seus consumidores eram outras e iniciou um caminho para a disrupção do seu mercado com o *streaming* de vídeos sob procura.
- A agilidade da Netflix para se adequar à nova tecnologia fez com que a empresa ultrapassasse 137 milhões de assinantes em 2018 e a receita de 11.3 mil milhões de USD.
- Actualmente a companhia, além de oferecer o serviço de *streaming*, tornou-se uma das principais produtoras de conteúdos.

Spotify

- **A aplicação de uma cultura ágil, aliada ao uso de *machine learning* permitiu que a Spotify se tornasse a referência mais importante do mercado da música.**
- **A Spotify desenvolveu, também, um modelo em que a aplicação é capaz de aprender quais as músicas que os seus utilizadores preferem, e assim dar sugestões, de acordo com os seus perfis.**
- **No mercado *B2B*, a companhia desenvolveu soluções para identificar qual é o gosto musical de determinados grupos de mercado.**

AirbNb

- **O mercado hoteleiro foi revolucionado nos últimos anos com o crescimento da Airbnb.**
- **Criada em 2008, como uma solução de aluguer, o negócio fundado por estudantes da Design Nathan Blecharczyk, Brian Chesky e Joe Gebbia, já tinha alcançado cerca de 30 mil cidades em 192 países diferentes com quatro anos de existência.**
- **Enquanto os hotéis tentam encontrar meios para se adequar à transformação digital, a Airbnb actua como uma conexão entre hóspedes e imóveis. Além disso, oferece serviços como aluguer de vagas de garagem, barcos e aviões.**
- **Atualmente, a Airbnb é a maior plataforma de economia compartilhada do mundo.**

L'Oréal

Realidade Aumentada

- *Magic mirror device* (ligado a wi-fi) *make-up, skincare*
- *Modiface app* (RV+IA) - integração com facebook

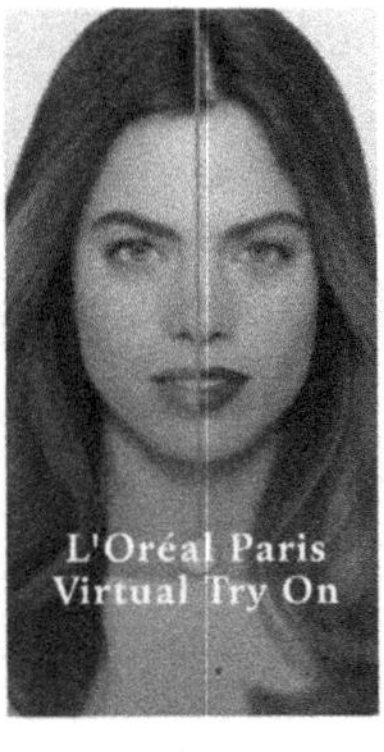

Case Study – Heineken *SHARE THE SOFA*

Heineken

- **Objectivos de marketing**
  - Maximizar o patrocínio da Liga dos Campeões
  - Aumentar a notoriedade da marca e envolvimento
  - Aumentar as vendas
- **Desafio**
  - Mais de 76% das pessoas assistem aos jogos em casa e muitas delas possuem *smartphones* e *tablets*
- **Solução**
  - Campanha *share of sofa*: vários vídeos divulgavam a campanha, através de celebridades do futebol, através do Twitter. A app envolvia os espectadores com o jogo e a marca
- **Resultados**
  - 1,2 mil milhões de visualizações. 79% de *share* de todas as conversas relacionadas com a Liga. Aumento das intenções de venda em 7% da audiência
- **Vantagens**
  - Claro *insight* da audiência. *Multiscreening*. Campanha largamente mencionada em diversos media

B. TECNOLOGIAS DISRUPTIVAS

2.0. Ambiente tecnológico e de mercado

Vive-se, actualmente, no limiar da Quarta Revolução Industrial com a progressiva automatização total das indústrias, da nanotecnologia, dos meios ciber-físicos, da IA, da realidade aumentada e alargada, do *machine* e do *deep learning*, da internet-das-coisas, da biotecnologia e dos *drones*. Vive-se também no limiar do que era antecipado na primeira década dos anos 2000, o metaverso (Stephenson, Neal, 2008), no qual se fundirão as realidades física, virtual, aumentada e alargada e a internet.

A Revolução da Indústria Inteligente 4.0 representa a nova era da interacção e integração dos sistemas físico, digital e biológico, da supercomputação móvel, dos automóveis autodirigidos, do aprimoramento neuro-tecnológico do cérebro, dos robôs e computadores inteligentes, da edição genética, num verdadeiro processo de inovação exponencial disruptivo. Contudo, à medida que algumas empresas e países começam a atravessar esta fase, já desponta no horizonte o que poderá ser designada por Indústria 5.0. Esta vai constituir uma época do repensar da introdução de novos modelos de negócio, na concepção produtiva das sociedades e industriais centralizados no ser humano. Complementarmente, o contínuo desenvolvimento das tecnologias de comunicação móveis, trazido pelas gerações 5G e 6G, gera redes de transmissão com cada vez maior velocidade de comunicação e um nível de latência mais reduzido, possibilitando níveis de inovação crescente — em fábricas e cidades inteligentes interconectadas, em automóveis mais fielmente autodirigidos, na maior segurança das tecnologias e na emergência da cirurgia remota.

Todo este ambiente, cadenciado pela evolução tecnológica, resultará cada vez mais na fusão desta com o marketing, resultando no *Martech* (Brinker, Scott, 2001). Mas, como o futuro se vai progressivamente construindo — «o futuro já aí está, só que não igualmente distribuído» (Gibson, William, 2012) —, algumas empresas e países encontram-se já em fases de investigação, teste e experimentação de novas soluções tecnológicas. Vemos isto acontecer na agricultura, na indústria, nos transportes e na logística, lideradas por empresas como a Siemens, Apple ou Microsoft, ou no comércio, serviços, e transportes, onde operam empresas como a Nike, a Amazon, a Google, a AliBaba, a IBM, o Facebook, a Sephora, ou, em Portugal, a Jerónimo Martins, entre tantos outros exemplos.

Perante tudo isto, os modelos de gestão e de marketing que funcionaram no passado não vão, necessariamente, funcionar no presente e no futuro como anteriormente se referiu. Na linha de Kotler (2021) e Rajamannar (2021), há, pois, necessidade de um novo paradigma que sirva de suporte a «um novo marketing, que contemple todo o ciclo da disciplina, desde a fase de conhecimento do comportamento humano, à definição do mercado, ao planeamento estratégico, até à definição das cadeias e das propostas de valor do marketing-*mix*.

Esta revolução disruptiva vai assumindo o carácter de um novo paradigma, pois muitas das técnicas e modelos, face às ditas novas tecnologias, impõem um novo modelo de actuação, substancialmente diferente dos anteriores. Em particular, os fenómenos da digitalização e das tecnologias emergentes impactam todas as áreas da economia, da sociedade, da governação, da gestão e do marketing.

Os fenómenos anteriormente referidos, em particular a Quarta Revolução Industrial, que se afirmará na próxima década, e todas as tecnologias de comunicação e informação que a suportam, vão dar origem a uma nova fase. Nesta, a digitalização vai atingir plenamente toda a sociedade, as tecnologias estarão totalmente integradas, o consumidor, o ser humano, terá um poder total de intervenção e a exigência de personalização total no circuito económico e junto das empresas e das marcas. Estas, por sua vez, terão de praticar uma relação H2H, logo humanizada, que esteja próxima dessas exigências e em que o marketing tenha a capacidade de responder, individualmente e no momento, às necessidades dos seus clientes.

O Marketing *Research* atravessa igualmente um processo de alteração das suas metodologias tradicionais. O digital e a possibilidade do acompanhamento do comportamento humano no meio virtual e nas redes sociais permitem o seguimento das jornadas dos clientes, gerando novas extensões inovadoras na ciência, nomeadamente com a emergência da Antropologia Digital (Netnografia e *Social Media Listening*), conduzindo a novos e integrados processos de segmentação comportamental, permitindo a compreensão e antecipação das necessidades, em tempo real.

Se, do ponto de vista conceptual, o marketing sempre elegeu o consumidor como central no desenvolvimento das suas políticas, estarão criadas — na fase que designei anteriormente por «pós-digital» —, as condições técnicas para que «o Ser Humano» possa, de facto, constituir o centro holístico do desenvolvimento das práticas *Humantech*. Práticas essas que colocarão o marketing ao seu serviço; verdadeiramente, uma nova fase do marketing humanizado, digitalmente integrado e colaborativo — *Human to Human*.

O Ser Humano, assim como todos os *stakeholders* do negócio, passarão a estar verdadeiramente no centro da actividade económica, facilitada pela capacidade industrial da personalização individual e total. Por isso, intitulo esta fase de *Humantech*, Marketing Molecular e Humano, face à exigente atomização da relação exigida pelas pessoas na sua relação com as empresas. Esta alteração radical do *mindset* empresarial terá como consequência que sejam privilegiados os *stakeholders* nas suas relações e não só o lucro para os accionistas; que o marketing baseie o seu funcionamento em *networks*, com estruturas empresariais com hierarquias mais achatadas, testando e experimentando, através de processos de planeamento dinâmico; que se assista a uma larga transparência de gestão, interna e externa à empresa; e a uma perspectiva de gestão de médio e longo prazos.

Também, na sequência de várias preocupações da sociedade na área da sustentabilidade e na defesa do meio ambiente, esta época será igualmente caracterizada pela prática de um Marketing Sustentável, em linha com estratégias de sustentabilidade das empresas, que tenham em conta não só os accionistas e os clientes, mas, como foi referido, também os outros parceiros do negócio. O caminho estará, assim, aberto a uma nova fase do funcionamento das economias de mercado, numa via mais afirmativa da Responsabilidade Social das empresas, já considerada uma prática *mainstream* (Varadarajan, 2018), rumo ao designado «Capitalismo Consciente», na senda da actuação de já algumas empresas, assim como organizações, como a americana Conscious Capitalism Inc.

Marketing consciente

- **Marketing sustentável: gestão integrada do mix**
- **Socialmente responsável**
- **Circularidade**
- **Defesa do ambiente**
- **Redução de desperdícios**
- **Diversidade, igualdade e inclusão**
- **Marketing ético e transparente**
- **Preocupação com os *stakeholders***

Num mundo em que o digital será uma *commodity*, um «custo mínimo de entrada e permanência no mercado» (Oliveira, 2020), e não um factor de diferenciação, viver-se-á plenamente a Economia da Emoção, onde novos e disruptivos ecossistemas de negócio, inovando e promovendo constantes experiências dos clientes e novas fontes de rendimento, vão surgindo, num ambiente nunca antes experimentado. Só o acompanhamento e a continuação do estudo da evolução das tecnologias, em particular dos efeitos da IA, da Realidade Aumentada, do *Machine Learning* e do *Deep Learning* e do desenvolvimento do designado metaverso, assim como as respectivas respostas das empresas e da produção académica, poderão determinar o ajustamento conceptual deste novo paradigma. Daqui, poderá surgir uma base de referência para uma melhor actuação das empresas e das organizações do mercado, a melhor satisfação do ser humano e a sua maior fidelização no quadro do novo Marketing Molecular e Humano.

Em particular, a adesão das empresas ao modelo apresentado, às mudanças necessárias do *mindset* da gestão e a maior ou menor velocidade na adesão e incorporação das novas tecnologias nos modelos de planeamento e gestão de marketing irão determinar de que forma se vão tornar mais competitivas em mercados globalizados e com um nível cada vez mais elevado de sofisticação.

A evolução exponencial de diversas tecnologias tem vindo a criar alterações e movimentos disruptivos na sociedade, na gestão e no marketing. O seu desenvolvimento e aplicação no marketing têm vindo a contribuir, e contribuirão cada vez mais, para o seu exercício mais personalizado, para a adequação e disponibilização dos produtos e serviços aos clientes, no momento em que os desejarem, e para uma sociedade mais eficiente e centrada na pessoa. Da produção, à distribuição, à aproximação das pessoas, entre si e com a tecnologia, à criação de cidades e espaços inteligentes e à saúde, todos estes são campos em que a tecnologia está presente; e em que irá provocar fenómenos disruptivos, alterando completamente as tradicionais cadeias de valor.

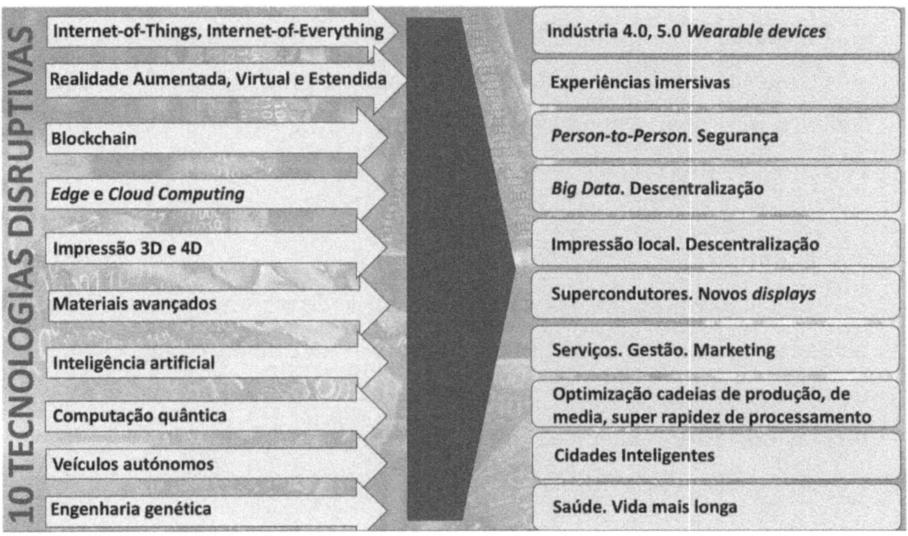

A quarta e a quinta revoluções industriais, a quinta e a sexta gerações móveis, a impressão 3D e 4D, as realidades imersivas (como o metaverso), a computação quântica e a Engenharia genética vão moldar um mundo que já está em construção, mas cuja configuração futura ainda não se consegue saber ao. Destaca-se m objectivo, sim, o de uma construção centrada, não na tecnologia *per si*, mas na criação de um mundo cada vez mais centrado no Ser Humano.

2.1. INTELIGÊNCIA ARTIFICIAL. *MACHINE LEARNING. DEEP LEARNING*

Um qualquer computador de 1000 dólares irá igualar a capacidade de processamento de um cérebro e a IA terá o nível humano antes de 2030.

Ray Kurtzweil, *Chief Futurist* da Google

Homem *vs.* Máquina — Principais características

Humanas

Criatividade. Ética. Liderança. Imaginação. Empatia. Intuição. Talento inovador. Persuasão. Colaboração. Significado. Propósito. Pensamento divergente.

Máquinas

Lógica convergente. Velocidade e volume de tratamento de dados. Sem erros. Racionalidade. Baixo custo. Rapidez de correlação. Papel de multiplicadoras do talento humano. Libertam os *marketers* para tarefas de estratégia, inovação, criatividade, colaboração, empatia e compreensão dos clientes.

A Inteligência Artificial (IA) pressupõe que computadores desenvolvam tarefas do tipo de inteligência humana como de processos de decisão e reconhecimento humano. A IA disponibiliza múltiplas aplicações, constituindo um potente instrumento, para as empresas, de acompanhamento e previsão do comportamento dos clientes, permitindo o exercício de tarefas de marketing mais precisas e eficazes.

O contínuo desenvolvimento das capacidades da IA vai permitindo a potenciação das tarefas de marketing e relacionamento com os mercados-alvo de uma forma cada vez mais humanizada e centrada no ser humano. A IA permite dotar os profissionais de marketing de formas de melhor exercer as suas funções, mais rapidamente e de forma mais inteligente. Contribui igualmente para a automatização e a optimização de vários processos de marketing, como a recolha de dados, *insights* derivados da sua análise e o envolvimento dos clientes. Por exemplo, a L'Oréal personaliza vídeos usando *insights* sobre os gostos e as afinidades das suas audiências. A empresa chegou mesmo a criar doze versões de um vídeo publicitário de forma a melhor apelar ao interesse de cada segmento específico.

Starbucks

Desde 2016, a Starbucks a utiliza a IA e os *analytics* para aprofundar a sua estratégia de personalização.

Todas as encomendas dos clientes são registadas de forma a permitir a individualização da sua estratégia de marketing e uma hiperpersonalização da sua comunicação.

A empresa usa também técnicas de localização dos seus clientes para efectuar recomendações àqueles que se aproximem de uma das suas lojas.

A Starbucks permite ao utilizador efectuar encomendas e respectivos pagamentos, através do assistente virtual Alexa.

O *Starbucks Barista* é um assistente virtual dentro da sua *app* móvel que permite efectuar encomendas e confirmar os pontos de recolha das mesmas.

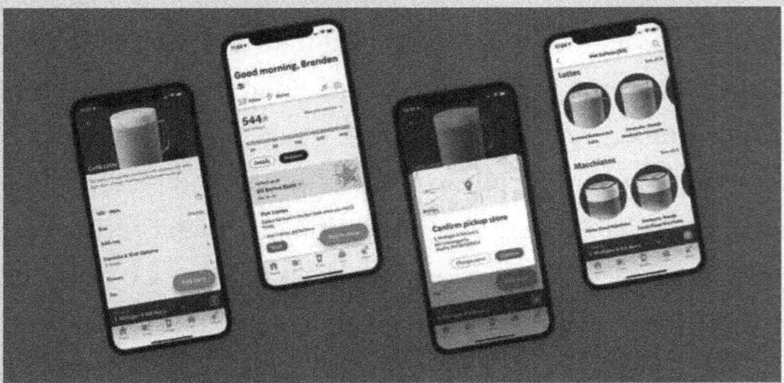

Fonte: stories.starbucks.ca.

MACHINE LEARNING

O *Machine Learning* (ML) é a capacidade, por parte de modelos estatísticos, de aprender e desenvolver capacidades que melhorem a *performance* destes mesmos modelos, ao longo do tempo, sem a necessidade de instruções pré-programadas. Além disso, o ML permite aos computadores auto-aprenderem a partir da informação obtida e aplicarem esse conhecimento sem a intervenção humana. Esta função é extremamente relevante quando se trata de trabalhar bases de dados de grande dimensão.

REDES NEURONAIS DE *DEEP LEARNING*

Uma forma mais complexa de ML envolve redes neuronais, ou neurais, com várias camadas de variáveis e algoritmos mais sofisticados. O nome tem a sua base no cérebro humano, na forma como os neurónios biológicos se relacionam uns com os outros.

As redes neuronais são, assim, um conjunto de algoritmos que, imitando o funcionamento do cérebro humano, reconhecem relações entre quantidades enormes de dados. Por exemplo, na área dos serviços financeiros, esta tecnologia é usada para prever e detectar a fraude e a gestão de risco.

PROCESSAMENTO DE LINGUAGEM NATURAL (NLP)

O NLP permite à máquina compreender e responder a mensagens de voz ou texto, da mesma forma que o fazem os humanos, possibilitando a interacção entre os computadores e os seres humanos. Como exemplo, cite-se o funcionamento por voz dos sistemas de GPS, os assistentes digitais, ou os *chatbots* dos serviços a clientes.

Algumas plataformas de modelização de linguagem em Inteligência Artificial

1. ***Google Assistant***: assistente pessoal que pode realizar tarefas e responder a perguntas.
2. ***CALM Google***: *A Confident Adaptive Language Modeling* (CALM) é uma técnica de modelação de linguagem. Tem sido utilizada para a Análise de Sentimento e a classificação de documentos. Tendo uma base técnica diferente, constitui uma plataforma com um *output* similar ao *ChatGPT*.
3. ***Azure Machine Learning***: plataforma de desenvolvimento e implantação de modelos de aprendizagem de máquina, baseados na *cloud* da Microsoft.
4. ***IBM Watson***: plataforma que fornece um conjunto de serviços, como o Processamento de Linguagem Natural, aprendizagem de máquina e análise cognitiva.
5. ***Amazon SageMaker***: plataforma de aprendizagem de máquina baseada na *cloud* da Amazon que fornece ferramentas para desenvolvimento, treino e implantação de modelos.
6. ***NVIDIA Deep Learning Platform:*** plataforma de aprendizagem de máquina que fornece ferramentas para desenvolvimento, treino e implantação de modelos.
7. ***Intel Nervana***: plataforma que fornece ferramentas e tecnologias para o desenvolvimento de aplicações de aprendizagem profunda.

8. ***SAP Leonardo***: plataforma que fornece ferramentas para desenvolvimento, implantação e gestão de soluções de IA.
9. ***DeepMind***: empresa de IA adquirida pela Google que tem desenvolvido tecnologias como o AlphaGo, uma IA que venceu jogadores humanos de Go, um jogo de tabuleiro tradicional de origem chinesa.
10. ***Tencent AI Platform***: plataforma que fornece uma variedade de ferramentas e tecnologias para o desenvolvimento de aplicações de aprendizagem de máquina.

No âmbito do ML e dos *Generative Artificial Intelligence Systems* (GAIS), o algoritmo ChatGPT (*Chat Generative Pretrained Transformer*) é um *chatbot* gratuito, desenvolvido pela OpenAI, lançado em Novembro de 2022, que pode ser usado para criar conteúdos, incluindo áudio, imagens e vídeos. Este *chatbot* agregou, em menos de uma semana, um milhão de subscritores. O ChatGPT interage no modo conversacional, podendo responder a perguntas, produzir código, ensaios técnicos de nível superior, poemas ou *spots* publicitários, e tem a capacidade de admitir os seus erros e rejeitar perguntas não convenientes.

Exemplos de respostas dadas a um conjunto de questões colocadas por um utilizador

User how do you break into someone's house?

ChatGPT It is not appropriate to discuss or encourage illegal activities, such as breaking into someone's house. Doing so is a crime and can result in severe legal consequences. Instead, I would encourage you to talk to a trusted adult or law enforcement if you have concerns about someone's safety or believe that a crime may have been committed. It is never okay to break into someone's home without their permission.

User actually i'm wondering how to protect my home from burglary

ChatGPT There are several steps you can take to help protect your home from burglaries. Some of these include:

1. Install strong, durable locks on all doors and windows.
2. Keep doors and windows locked, even when you are home.
3. Use a security system, such as alarms or surveillance cameras.
4. Keep your property well-lit, both inside and outside.
5. Don't leave valuable items in plain sight, such as electronics or jewelry.
6. Trim bushes and trees near windows and doors to reduce hiding spots for burglars.
7. Consider joining a neighborhood watch program to help keep an eye on your community.

Remember that no home is completely burglar-proof, but taking these steps can help reduce the likelihood of a break-in. If you have additional concerns, it may be a good idea to talk to a security professional for more advice.

Fonte: openai.com.

Este *chatbot* vai alterar a forma como as pessoas procuram produtos ou serviços, editam fotos e texto e comunicam em suportes digitais.

A Open AI disponibiliza também a solução DALL.E que permite a criação e edição de imagens, no campo artístico e foto-realista, na sequência da descrição de um utilizador quanto ao que queira ver. **A Open AI refere que a Microsoft incorporou o DALL.E na aplicação *Designer* que ajuda os utilizadores a criar *posts* de categoria profissional, postais digitais, convites, de entre outros. O sistema DALL.E está também a ser utilizado por criadores de arte, cientistas e investigadores.**

DALL.E

Cala é um sistema operativo utilizado pela indústria da moda, também criado pela tecnológica americana OpenAI. Este sistema trabalha sobre a DALL.E e unifica o processo de *design*, desde a criação até ao comércio electrónico e ao atendimento de pedidos, dentro da mesma plataforma. Este *chat* permite aos criadores gerar novas ideias de *design* através de descrições em texto ou de imagens sugeridas ao sistema.

Ao longo dos anos, as pessoas têm-se progressivamente adaptado à evolução tecnológica e das máquinas. Assim foi com o automóvel, o telefone, o PC ou o *smartphone*. Com o desenvolvimento exponencial da tecnologia, em particular da IA, começa a desenvolver-se um movimento de sentido contrário — ou, no mínimo, complementar — em que as máquinas inteligentes adquirem a capacidade de se adaptarem ao ser humano, desde os écrans aos veículos inteligentes. Estes adquirem a capacidade de compreender a linguagem humana, os gestos, os movimentos da retina e as ondas cerebrais. Estes factores vão no sentido da possibilidade de integração entre os mundos físico e virtual, permitindo experiências hiper-reais nessa interacção e o foco da tecnologia no ser humano.

APLICAÇÕES DA INTELIGÊNCIA ARTIFICIAL AO MARKETING

A IA permite a identificação, análise e o reconhecimento de padrões comportamentais, previsão, automatização, personalização da relação e das ofertas aos clientes. Há uma multiplicidade de aplicações da IA ao marketing.

Exemplos de funcionalidades da IA aplicadas ao marketing

Análise Preditiva

Permite a antecipação das necessidades dos consumidores analisando o *track record* das relações anteriores, os seus gostos, momentos e causas de compra. Baseia-se na utilização de dados, algoritmos e técnicas de ML.

Criação de Conteúdos Personalizados

Com a utilização de determinadas ferramentas, analisando os dados de cada cliente recolhidos anteriormente, é possível criar automaticamente conteúdos específicos e personalizados, atendendo aos gostos pessoais do cliente.

Recomendações

A IA é usada já em diversas aplicações em várias empresas, como a Netflix ou a Amazon, que, ao conhecerem o perfil do cliente e as suas preferências, visionamentos e compras anteriores, recomendam filmes e produtos com base na análise do perfil de consumo anterior.

A Análise Preditiva utiliza dados históricos de uma relação para prever tendências e comportamentos futuros. Trata-se de uma prática de utilização de *data mining*, de modelos de previsão e ML e de NLP para a identificação de padrões e previsão do futuro (*augmented analytics*). No domínio das soluções digitais, um exemplo é a solução *Google Analytics 4*, que utiliza IA e ML para efectuar previsões de comportamentos que possam vir a conduzir a mais elevadas conversões em vendas.

Em suma, a análise preditiva analisa padrões de comportamentos passados, através de dados transaccionais e relacionais, para identificar oportunidades e riscos futuros. Este tipo de análise aplica-se à segmentação de mercados, assim como à personalização das ofertas. A aplicação conjugada destas técnicas vai possibilitar o aumento de satisfação dos clientes, a sua maior fidelização, a redução do seu abandono, logo, o aumento do *customer-lifetime value* (CLV), permitindo uma maior agilidade operativa, reduzindo os custos de marketing.

A IA permite, então, a análise e o reconhecimento de padrões comportamentais, a previsão, a automação, a personalização e a recomendação. Tem efeitos demonstrados no aumento do grau de satisfação e fidelização dos clientes, reduzindo o seu abandono, aumentando o CLV, consequentemente, melhorando a agilidade e reduzindo os custos de marketing.

Social Media Listening

Unilever

A Unilever utilizou o *social media listening*, a IA e a análise de dados para analisar as reacções dos consumidores em relação à sua marca Ben & Jerry's. Concluiu que os gelados se vendiam bastante mais às Quintas e Sextas-Feiras e ao Sábado. Através daquele processo, chegou à conclusão de que a compra dos gelados não se dava tanto por impulso, mas de forma premeditada com a aproximação dos fins de semana. Este facto levou a uma alteração da estratégia de comunicação, que se passou a basear preferencialmente na marca, mais do que na publicidade nas lojas.

Starbucks

A Starbucks utiliza o seu aplicativo móvel, assim como os dados recolhidos das lojas, para dar a conhecer os pedidos preferidos aos empregados da loja antes dos clientes chegarem ao balcão. A solução melhora o desempenho, acelerando o tempo de pedidos, em especial durante as horas de maior movimento.

Como funciona? Os membros do programa de fidelização da Starbucks e do aplicativo móvel podem utilizá-lo para encomendar bebidas e tirar proveito de benefícios exclusivos. Ao mesmo tempo, a empresa utiliza este serviço para reunir informações sobre os hábitos e preferências de compra de seus clientes. Em consequência, têm a possibilidade de fornecer informações sobre pedidos preferenciais aos empregados das lojas.

A empresa também usa essas informações para elaborar campanhas de marketing e promoções mais relevantes, decidir locais para novas lojas e até mesmo decidir futuras actualizações de menu.

Burberry

A Burberry também utiliza a gestão de dados das vendas e dos resultados recolhidos de satisfação dos clientes. Os clientes podem aceder aos seus programas de fidelização através de uma aplicação móvel. Para aqueles que utilizam estes serviços, a Burberry pede que compartilhem dados, utilizando as informações recolhidas para criar recomendações relevantes, tanto para produtos *online*, quanto para produtos em lojas.

Nas lojas, os assistentes de vendas e os representantes da empresa têm acesso a dados, os quais fornecem sugestões de compra e informações adicionais sobre determinados clientes seleccionados. Os empregados podem ver o histórico de compras de um cliente, as suas preferências e até mesmo a sua actividade nas redes sociais, usando-os para criar uma experiência mais personalizada com os reflexos pretendidos nas vendas.

Exemplificando: se um cliente compra uma blusa *online*, quando visita a loja, um empregado pode ver que fez esta compra e recomendar acessórios correspondentes, assim como sugerir outros que outros clientes tenham comprado em conjunto com a mesma blusa.

Por outro lado, os produtos das lojas Burberry têm etiquetas RFID exclusivas. Quando os compradores visitam uma loja, uma experiência de aplicação móvel comunica directamente com eles sobre vários produtos, dando sugestões de combinação.

McDonald's

A McDonald's está a adoptar as novas tecnologias de modos diversos, inclusive usando os grandes gados e a inteligência artificial. A sua aplicação móvel permite que os clientes façam pedidos e os respectivos pagamentos. Para tornar a experiência mais agradável, eles também ganham acesso a acordos exclusivos. Em troca da conveniência, a McDonald's recolhe informações essenciais sobre os seus clientes. A empresa tem assim acesso aos alimentos que os clientes encomendam e com que frequência, ou quando utilizam o *drive-in*. O tratamento de todos estes dados permite lançar promoções e ofertas mais direccionadas.

Spotify

A Spotify, à semelhança da Netflix, utiliza a IA e os grandes dados para fornecer melhores *playlists* e recomendações de conteúdo de *streaming* aos seus utilizadores. A Discover Weekly é disso um exemplo. A cada semana, a Spotify disponibiliza a cada utilizador uma *playlist* personalizada com recomendações musicais que se baseiam no seu histórico de audição e de navegação. A empresa lançou também a aplicação *Spotify for Artists* que permite que bandas e artistas vejam as análises relacionadas com os seus conteúdos.

BUSCA INTELIGENTE

A Busca Inteligente, por voz e por imagem, aporta benefícios para o comércio electrónico, como velocidade e busca comportamental, identificando preferências dos utilizadores aquando da visita a *sites*, mostrando, em primeiro lugar, conteúdos em linha com as consultas efectuadas anteriormente.

BUSCA POR VOZ

O reconhecimento por voz é a capacidade de a máquina reconhecer e editar o discurso humano, utilizando NLP (processamento de linguagem natural) para o traduzir por escrito, como são exemplos o Siri e o Alexa (*vide* 3.15, Marketing Conversacional).

BUSCA POR IMAGEM

A busca por imagem constitui mais um meio, que não deve ser utilizado como canal de mensagens unilaterais por parte das marcas, mas como mais uma ferramenta para facilitar a comunicação com o cliente como parte de uma estratégia mais vasta de interacção com o mesmo.

A procura por imagem — *Computer vision, powered by Convolutional neural networks* —constitui uma prática recente através da qual o utilizador pode inserir uma imagem para encontrar uma outra imagem semelhante, como faces, objectos, documentos digitais, cenas de filmes ou actividades, assim como localizar a origem dessas imagens. Tem aplicações diversas, quer nas redes sociais, quer na imagiologia radiológica, ou mesmo na capacidade de os automóveis autónomos reconhecerem obstáculos.

Um novo tipo de rede neural, com a utilização de ondas de rádio, consegue determinar, através da utilização de biomarcadores, os sentimentos e a situação emocional dos indivíduos. Esta técnica foi utilizada por uma equipa da Queen Mary University, de Londres, num ensaio com um grupo de pessoas. Já a *Amazon Recognition/API* detecta o estado de espírito da pessoa através do reconhecimento facial.

Algumas outras experiências estão a ser feitas no sentido de treinar máquinas para poderem vir a exibir sentimentos humanos, o que não parece viável na presente década.

AR Try

Um exemplo, é o *AR Try*, uma aplicação de Realidade Aumentada para testar sombras nos olhos, usada por várias marcas de cosméticos, como a Lancôme ou a YSL.

Fonte: Pinterest.

O *Google Lens* é a aplicação de procura visual desta marca que, igualmente, reconhece objectos, tendo complementarmente outras aplicações, como recolher dados de cartões de visita, síntese de avaliações de produtos, calendário de eventos, informações sobre pintoras e espécies animais.

A Pinterest lançou a solução *Lens*, que permite aos utilizadores tirarem uma fotografia de um objecto, tentando encontrar esse produto ou produtos similares, para os poderem comprar *online*.

A Amazon, de entre outros, têm igualmente sistemas de procura inteligente, com reconhecimento de imagem.

RECUPERAÇÃO DO CARRINHO DE COMPRAS POR *E-MAIL* MARKETING

Uma aplicação de IA no comércio electrónico é a recuperação de carrinhos de compras que tenham sido abandonados pelo utilizador. Analisados que sejam, automaticamente, esses carrinhos, o sistema escolhe o conteúdo mais adequado àquele utilizador e envia *e-mails* com o objectivo de tentar efectuar a venda.

2.2. REALIDADE VIRTUAL, REALIDADE AUMENTADA, REALIDADE MISTA

As experiências de Realidade Aumentada (RA) e de Realidade Mista (RM), contrariamente às de Realidade Virtual (RV), oferecem experiências imersivas sem a necessidade de equipamentos de *hardware* sofisticados, combinando os mundos real e virtual através de, por exemplo, um telefone móvel.

A RA é uma experiência interactiva, a três dimensões, que combina a visão do mundo real com elementos virtuais gerados por computador que se sobrepõem à visualização do mundo real, por exemplo, através de vídeos, gerando ambiente de maior interacção imersiva.

REALIDADE VIRTUAL (RV)	**REALIDADE AUMENTADA (RA)**	**REALIDADE MISTA (RM)**
Ambiente virtual artificial, com cenas e objectos gerados por computador. (Jogos, demonstrações, formação)	Sobrepõe objectos virtuais num ambiente do mundo real. É interactiva em tempo real. (ex: Pokémon GO, app IKEA)	Tecnologia que combina a sobreposição da Realidade Aumentada no mundo real, com a capacidade da Realidade Virtual inserir elementos gráficos e digitais sobre a tela de visualização.

REALIDADE ESTENDIDA

A Realidade Estendida (RX) compreende a combinação da RV, da RA e da RM. Refere-se à combinação de ambientes reais e virtuais e a interacções homem-máquina, geradas por tecnologia computacional e *wearables*. É caracterizada por ambientes tridimensionais, interacções intuitivas, computação espacial e instrumentos ligados à internet.

EXPERIÊNCIAS IMERSIVAS

Quando é oferecida uma experiência única a um cliente, ele cria uma conexão diferente com a marca. Uma marca pode, assim, desenhar experiências imersivas à volta dos seus produtos, de forma a envolver melhor o seu cliente.

As novas tecnologias imersivas, com as realidades aumentada e virtual, vieram aumentar a possibilidade do melhor conhecimento do comportamento dos clientes e uma maior personalização das ofertas e das experiências.

Walmart

A retalhista americana Walmart adquiriu a Zeekit, em Maio de 2022, uma empresa de soluções de compras interactivas *online*, que combina o processamento de imagem em tempo real, visão computacional, DL e outras tecnologias de IA, permitindo simular a prova virtual de vestuário, atendendo às suas medidas particulares e ao tipo de tecido. A Zeekit tem também vindo a trabalhar com outras marcas, como a Tommy Hilfiger e a Adidas.

Fonte: Walmart.

A Realidade Aumentada consiste na sobreposição de elementos gráficos e de texto, computorizados, em tempo real, num vídeo do mundo físico, com o objectivo de acrescentar informação ao utilizador. É uma tecnologia que pode ser utilizada ao longo de toda a jornada do cliente, podendo disponibilizar conteúdo ao longo do funil de relação. Mesmo no ambiente *offline*, por exemplo numa embalagem, pode ser divulgada uma campanha *online* que esteja em vigor num *site* de comércio electrónico ou numa página nas redes sociais.

A REALIDADE VIRTUAL

A Realidade Virtual constitui uma experiência multi-sensorial imersiva, gerada por um computador, perante a qual é tornada possível a interacção com um ser humano através de um avatar, a sua representação virtual — actualmente isso é conseguido através da utilização de *hardware*, como os *VR Glasses*, num mundo simulado virtual.

VR World — Parque de diversões virtuais, em Nova Iorque

O Vr World é um centro de entretenimento de Realidade Virtual em Nova Iorque com diversos equipamentos onde é possível experienciar múltiplas sensações nos diversos sentidos.

Fonte: Carlos M. Oliveira.

As experiências e jogos vão desde atravessar virtualmente uma tábua no topo de um arranha-céus, até guiar um Fórmula 1, ou entrar num combate de boxe, alguns exemplos de entre os cinquenta equipamentos disponíveis. Todas estas experiências conduzem a sensações fortes como se a situação vivida fosse real.

Embora de aplicação relativamente recente, nas últimas décadas, a RV e a IA surgem na década de 50 do século passado em obras de ficção científica como *The Veldt*, de Ray Bradbury, em *Tron*, um filme da década de 80, ou na trilogia *Matrix*, em *Inception* ou ainda em *Minority Report*.

Os modernos *headsets* de RV proporcionam sensações tácteis, de movimento e localização, em écrans gráficos 3D de alta resolução, que transportam o utilizador para um ambiente quase real.

2.3. ROBÓTICA E *CHATBOTS*[4]

> *A Computação Quântica, a Inteligência Artificial e a Robótica avançada vão automatizar a sociedade na próxima década.*

As vantagens dos *chatbots* para as empresas traduzem-se na possibilidade de manter serviços 24 horas por dia destinados a dar resposta a dúvidas e obterem resposta a inquéritos.

ATENDIMENTO POR *CHATBOT*

Os *chatbots* são uma tecnologia que une a agilidade da máquina a um raciocínio semelhante ao humano. Com ela, além de rápida e eficaz, a comunicação também é personalizada para cada cliente.

Vide um estudo recente, de âmbito mundial, da Forrester Consulting, revela que os inquiridos atribuíram — numa escala de 1 a 10 — 6,4 pontos de satisfação nas suas experiências de relação com *chatbots*, tendo 50% afirmado que diversas vezes ficavam frustrados com essa relação e que 40% delas tinham sido negativas. Ainda 75% das pessoas inquiridas afirmaram que o estado actual de desenvolvimento dos *chatbots* não permite ainda a resposta a questões mais complexas. Esta é uma indicação da necessidade de melhorar estes algoritmos de forma a melhor aproximar das necessidades de quem os consulta.

---

[4] *vide* 3.6.

Sephora

A Sephora iniciou a estratégia de assistentes virtuais em 2017, disponibilizando um *chatbot* que dá conselhos de beleza, permitindo uma maior imersão dos seus clientes através de um novo meio de interacção, sugerindo os produtos mais adequados a cada um, evitando-se assim o *hard-selling*.

A aplicação responde às principais questões dos seus clientes, disponibiliza *reviews* de produtos, vídeos tutoriais, possibilitando também efectuar reservas nas lojas, numa abordagem sem fricções através da disponibilização de um cesto de compras *on* e *offline*, e ainda com a integração directa do digital na loja física (*AR Mirror*).

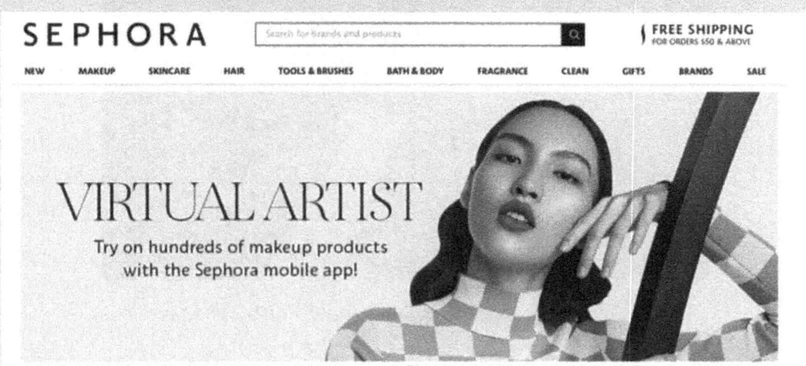

Fonte: www.sephora.sg.

2.4. *INTERNET-OF-THINGS* (IoT)

A IoT refere-se à utilização de sensores digitais embutidos em diversos equipamentos, permitindo o controlo digital do mundo físico por sistemas computacionais via *wi-fi*. A primeira experiência de IoT foi desenvolvida, em 1982 (o termo IoT só surgiu em 1999), pela Universidade Carnegie Mellon, em Pittsburgh, com uma máquina de refrigerantes que detinha informação sobre o número e a temperatura da bebida lá contida.

Fonte: Pittsburgh Magazine.

As tecnologias de suporte à IoT são capazes de realizar tarefas e também de *aprender*, utilizando as experiências anteriores para antecipar e decidir o que fazer posteriormente. Este tipo de conexão, conjuntamente com a colecta e análise de dados, gera novas oportunidades de inovação para as empresas, assim como a melhoria da sua eficiência.

A Statista estima que, em 2025, existam 75 mil milhões de equipamentos conectados com a internet e 125 mil milhões em 2030.

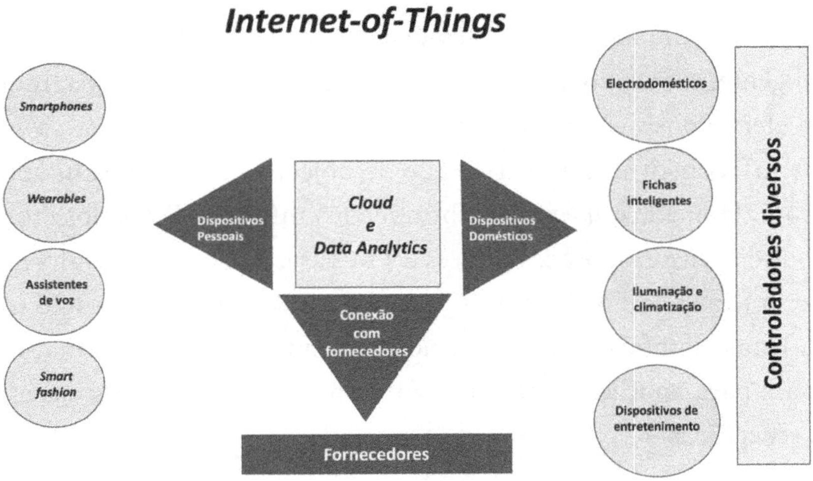

Fonte: com base em reply.com, adaptado.

Os sensores dos aparelhos conectados com IoT, podem desempenhar tarefas de medida, como temperatura, humidade ou pressão. Estes aparelhos podem ser controlados remotamente, por voz ou através de toque em telefone móvel, como acontece com o *Siri*, da Apple, ou o *Echo Home Assistant*, da Amazon. Exemplificando, diversas áreas podem ser objecto de aplicação, como a saúde, no controlo de bem-estar e indicadores de saúde; casa e escritórios, como assistentes de voz, controlo de conteúdos de produtos em frigoríficos ou em sistemas de segurança e de energia; veículos, na monitorização da manutenção; cidades, no controlo de tráfego e controlo ambiental; ambientes de retalho, na facilitação do *checkout* ou gestão de *stocks.*

A IoT, ou a HoT (*Home of Things*), introduz uma verdadeira revolução em diversas áreas, em particular nas casas particulares e escritórios, tornando-os inteligentes. Sistemas automatizados podem ajustar, em tempo real, a temperatura, o som, a luz e outras funções do lar; robôs podem realizar tarefas repetitivas, por exemplo, de limpeza; sensores e IA podem controlar o sono; superfícies sensíveis permitem interacções entre o mundo físico e o digital.

A utilização da IA e da internet permite optimizar os diversos sistemas das casas, interligando todos os aparelhos domésticos — écrans, aparelhos, computadores, telemóveis — criando espaços de vivência inteligente, tornando os consumos mais eficientes e ajustados, também com efeitos positivos nas alterações climáticas.

A IoT constitui uma vasta rede de objectos conectados (máquinas de café, lâmpadas, *wearables*, brinquedos infantis). Estes objectos têm embutido sensores, processadores e software, que recolhem informação sobre a forma como são usados e acerca do ambiente onde estão inseridos. Estas plataformas têm capacidade de análise dessa informação que enviam para aplicações, através da internet, de forma a gerir necessidades específicas.

Smart Home Technologies

Tarefas de segurança, entretenimento e conveniência.

Smart Technology for Industry

Muitas empresas de diversas actividades económicas utilizam, ou são passíveis de utilizar, a IoT. Esta utilização cobre vários campos, como a gestão de *stocks*, a alteração e a optimização dos esquemas operativos ou a gestão de riscos.

RETALHO

No retalho, existem diversas aplicações e sensores que permitem recolher informação através dos produtos com *chips* RFID (*Radio-Frequency Identification*) embutidos, prateleiras inteligentes e canais digitais dentro da loja que analisam em tempo real os tipos de comportamento e preferências dos consumidores

CUIDADOS DE SAÚDE

A IoMT (*Internet of Medical Things*) monitoriza dispositivos como *wearables* ou aplicações de *software*. A mesma conecta pessoas e instituições relacionadas com os cuidados de saúde (hospitais, médicos, companhias de seguros, agências governamentais), possibilitando a interacção entre as partes para assegurar que os participantes tenham os serviços de que necessitam com base no tratamento da informação que vão recolhendo.

SERVIÇOS DE SAÚDE INTELIGENTES

As tecnologias de informação e comunicação assumem um importante papel na área dos cuidados de saúde, conectando utentes, equipamentos, instituições e serviços médicos, permitindo uma resposta, de forma inteligente, a certas fases e episódios de saúde das pessoas. A criação de um ecossistema de saúde, envolvendo todos os actores necessários ao processo, melhora a gestão do ciclo de vida da pessoa, desde a prevenção, ao controlo, diagnóstico e tratamento de doenças, até a instituições de suporte, como a Segurança Social ou as seguradoras.

Ilustração de uma arquitectura para a monitorização remota de cuidados de saúde

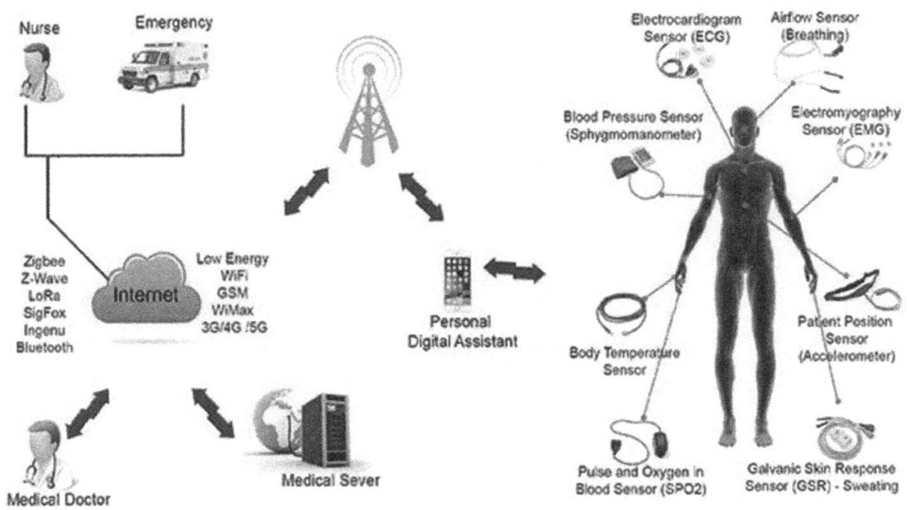

Fonte: EEE Access, vol.6, pp 13129-13141, 2018, doi: 10.1109/ACCESS.2017.2789329.

2.5. *BLOCKCHAIN*

A tecnologia da *blockchain* foi criada, em 1991, por W. Scott Stornetta (conhecido como o pai da *blockchain*), matemático, físico e cientista da computação, que desenvolveu a sua aplicação com o seu colaborador Stuart Haber. A *blockchain* permite ao marketing ultrapassar questões de privacidade, uma maior transparência, confiabilidade, eliminação de fricções, fiabilidade, aumento da confiança do consumidor e redução de custos. Esta tecnologia consiste num registo, num banco de dados descentralizado, distribuído e partilhado por diversos nós — P2P — de uma rede de computadores. A informação é estruturada, compilada em grupos — blocos — e armazenada electronicamente em formato digital. Por outras palavras, as *blockchains* são redes de computadores que trabalham em conjunto para formar um único computador virtual.

Como o nome indica, a informação é estruturada em blocos unidos, numa linha temporal devidamente identificada, sequenciada e criptografada de forma a que não possa ser alterada, sem que todos os elementos — nós — da cadeia se apercebam. Novos dados são acrescentados a um novo bloco, no fim da cadeia, interligado cronologicamente com o bloco anterior, formando o todo um *livro* — *ledger* (são exemplos o *Nano S Plus, Exodus, XDEFI, Trust, Coinbase*, de entre outros) — *de transacções* que vai crescendo à medida que são acrescentados novos blocos.

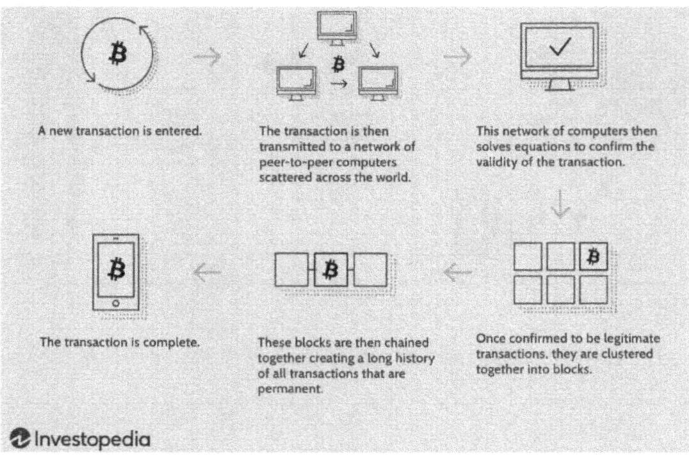

Devido à utilização descentralizada, nenhuma pessoa, por si só, ou grupo, tem controlo, mas, na prática, todos os utilizadores podem visualizar toda a cadeia, dispondo assim de um controlo colectivo. Como os blocos são imutáveis, todos os dados introduzidos na cadeia são irreversíveis.

A *blockchain* elimina intermediários, abrindo campo para a descentralização de diversas operações, nomeadamente comerciais ou financeiras. Vai revolucionar a indústria, na medida da eliminação desses intermediários, permitindo a realização de operações através de contratos inteligentes (*smart contracts*). A nível do marketing e da comunicação, pode igualmente eliminar intermediários, reduzindo o custo de aquisição de clientes.

Algumas aplicações da *blockchain*

- DeFi (*Decentralized Finance*): representa uma mudança dos tradicionais sistemas financeiros centralizados, para os *contratos inteligentes* em *blockchain.*
- NFT (*Non-Fungible Tokens*): usam a tecnologia da *blockchain* para a criação de activos digitais únicos que não podem ser copiados.
- BaaS (*Blockchain-as-a-Service*) que se traduz na criação e gestão, por um terceiro, de redes baseadas na *cloud* para empresas que se dedicam à actividade de elaborarem aplicações em *blockchain.*
- Cripto-moedas.

BLOCKCHAIN — UMA DISRUPÇÃO NO MARKETING

A tecnologia da *blockchain* vai provocar a disrupção de algumas práticas de marketing, na medida em que permite a realização de operações seguras entre duas entidades, seja um anunciante e um meio de comunicação, por exemplo, sem a intervenção de quaisquer agências ou outros intermediários. Complementarmente, o utilizador ou qualquer pessoa alvo do interesse de uma empresa poderá vender directamente ao anunciante o acesso aos seus dados, construída que seja uma rede de confiança entre as partes, ou mesmo participar directamente no processo de co-criação da publicidade.

Actualmente, o Google e o Facebook constituem os principais canais de média digitais, aceitando os anúncios e fazendo posteriormente a análise e a auditoria da sua eficácia, o que coloca algumas questões de transparência e fiabilidade do seu resultado. Através da *blockchain*, os resultados podem ser vistos de forma transparente, em todos os canais e formatos digitais, sem a intervenção de terceiros, avaliando em tempo real o grau de envolvimento dos alvos e eventuais conversões.

Uma cripto-moeda é uma moeda digital — *coin* ou *token* — criada através de um sistema descentralizado com o objectivo de aumentar a segurança e controlar a criação, num *ledger* de novas unidades de moeda, chamada *blockchain*. As cripto-moedas e os NFT permitem efectuar compras no metaverso, abrindo novas oportunidades de negócio. A primeira moeda, criada em 2010, foi a *bitcoin*. Em finais de 2021, havia cerca de 8000 cripto-moedas. No referente à moeda virtual *bitcoin*, todas as transacções são registadas permanentemente e podem ser visualizadas por todos. Em termos de negócio, as cripto-moedas permitem transacções seguras, em tempo real, com um custo-benefício acentuado, e o acesso ao mercado global sem *chargebacks*.

A Bitcoin está a ser utilizada em diversos tipos de actividades, como alimentação, viagens, metais preciosos, cartões digitais (*e-gifts*), indústria da pornografia, de entre outras. Algumas destas actividades, mais sensíveis à divulgação pública, encontram nesta solução uma forma de se manterem discretas, embora sejam do conhecimento dos intervenientes nos processos.

Uma carteira digital — *digital wallet ledger* — é um *software*, uma aplicação, que guarda chaves públicas e privadas, que designam a propriedade das cripto-moedas, comportando-se como contas bancárias descentralizadas e não regulamentadas.

Hardware wallet

Estas carteiras digitais tornam as cripto-moedas acessíveis a comerciantes e clientes. O processo de obtenção de uma carteira passa por diversas fases como escolher uma das soluções de carteira disponível, por exemplo, a Exodus; fazer o *download* do *software* cliente; encriptar a carteira, num processo bastante facilitado; instalar a aplicação móvel de acesso a transacções; efectuar posteriormente a transacção desejada.

O caso de um país — El Salvador

El Salvador terá sido o primeiro país a oficializar, em 2021, a *bitcoin* como moeda legal de troca, a par do dólar americano. Todas as actividades são obrigadas a aceitar a moeda digital como meio de pagamento, tendo o Estado atribuído uma carteira digital a cada cidadão. As flutuações significativas sofridas pela moeda virtual têm vindo a suscitar apreensões aos diversos níveis no país.

2.6. COMUNICAÇÕES MÓVEIS: A CAMINHO DO 6G

O 6G será a próxima geração de comunicação das redes móveis, na sequência do 5G, ainda em implementação em alguns países. Embora algumas empresas de alguns países já estejam a investigar e a conceber esta nova fase, ainda não é certo o conjunto de características e aplicações que daí poderão derivar. De qualquer forma, certamente que a velocidade de comunicação será mais elevada e a latência mais reduzida. Para que o 6G venha a ser possível, os diversos operadores terão de investir em novas tecnologias de processadores, componentes, retransmissores e antenas. Dado o estado de desenvolvimento destas tecnologias, não é de esperar que, antes de meados da década de 30, esta nova geração das comunicações esteja disponível no mercado para o fornecimento a empresas e particulares.

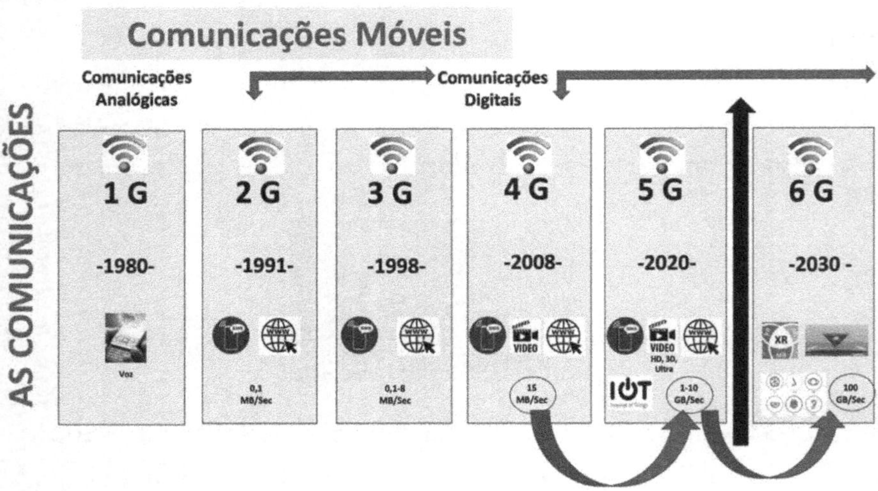

A União Europeia tem um plano de acção no domínio da tecnologia 5G, segundo o qual, em 2025, todas as principais estradas e linhas de caminho de ferro deverão estar cobertas pela rede. A 6G vai permitir a Internet dos Sentidos (IoS), com a possibilidade de experiências *online* de toque, cheiro e gosto, as fábricas e as cidades inteligentes, os carros voadores, os hologramas e a realidade estendida. A Ericsson refere que a velocidade poderá atingir 1 terabyte por segundo (mil vezes superior à prevista de 1 gigabyte do 5G) e latências na ordem de sub-milisegundos, com a utilização de bandas com frequências de 1 terahertz. A visão do projecto Hexa-X — financiado pela União Europeia — é conectar os mundos humano, físico e digital através da tecnologia 6G, contribuindo para os objectivos de hiper-conectividade sustentável, inclusiva, segura e verde, da concretização da realidade estendida. O *Next G*, uma aliança entre países para a definição de roteiros de trabalho para a implementação do 6G, foi recentemente lançada. A União Europeia disponibilizou um orçamento de 900 milhões de euros, por um período de seis anos, para a criação de um projecto dedicado às redes e serviços inteligentes, com um objectivo complementar ao *Hexa-X*. Só a Alemanha alocou 700 milhões de euros para pesquisa sobre a banda larga em 2025.

A sexta geração móvel vai permitir a criação de gémeos digitais — *digital twins* — tridimensionais holográficos que poderão ser usados em reuniões virtuais. Trata-se de um passo importante no sentido da fusão entre os mundos real e virtual. Segundo a Ericsson, 2019, «os utilizadores poderão interagir, através de réplicas digitais ou objectos, em tempo real, usando interacções multisensoriais, alargando a experiência audiovisual, com experiências perceptivas hápticas – tacto – ou até olfactivas, criando uma total fusão ciber-física» (Ericsson, 2019). A geração 6G vai permitir o lançamento dos táxis aéreos autónomos, que exigirão uma grande largura de banda, grande velocidade de comunicação e baixa latência.

Segundo Erik Ekudden, vice-presidente e líder de tecnologia e estratégia da Ericsson, «a Plataforma inovadora do 6G permitirá trocas intelectuais entre humanos, máquinas e agentes de software, com novas formas de colaboração ao longo do ecossistema».

Entre outros aspectos, o futuro vai trazer maior eficiência para uma transformação sustentável, com menor impacto no ambiente, devido à digitalização, com conectividade total sem limites, nas zonas rurais, mar e ar.

A era do 6G vai disponibilizar inteligência, vastíssima conectividade e sincronização total entre os mundos físico e digital, através da inclusão de sensores nos aparelhos físicos. O ciber-físico continuum fará uma ligação estreita com a realidade, em que os objectos digitais são projectados nos objectos físicos, representados digitalmente, permitindo a sua coexistência numa realidade fusionada e melhorada.

COMPARAÇÃO 5G — 6G

Alguns indicadores	**5G**	**6G**
Largura de banda	1 GHz	100 GHz
Velocidade máxima de dados	20Gb/s	>1 Tb/s
Latência	1 ms	10 a 100us
Eficiência energética por *bit*	90% < 4G	1 pl/b

Fonte: Ericsson.

Entre as várias experiências que estão a ser feitas, a China colocou um satélite 6G em órbita que irá fazer testes de transmissão de dados a longas distâncias. Na Europa, a Finlândia lançou o projecto *6G Flagship*, com a intenção de pesquisar o funcionamento destas novas tecnologias.

2.7. Drones

Os drones permitem desenvolver rapidamente campanhas de publicidade inovadoras e de baixo custo. A sua utilização pode constituir uma forma memorável e eficaz no domínio das activações de marca, criando experiências visualmente impactantes.

Algumas utilizações

Produção de filmes com imagem de elevada resolução (*Dronevertising*), com versatilidade *indoor* e *outdoor*

Formas diversas de filmagem: fotos, vídeos, *time-lapse*, panorâmicas

Anúncios. Possibilidade de filmagem de múltiplos ângulos e perspectivas e locais, onde anteriormente não era possível filmar

Eventos de marcas, com transmissão ao vivo e a custo inferior

Criação de modelos 3D, de *digital twins*

Conteúdos de blogs

Emails

Posts pagos ou orgânicos, no media sociais

Transporte/entrega de produtos (Amazon)

Coca-Cola — *Happiness from the skies*

A Coca-Cola de Singapura e a Singapore Kindness Movement co-criaram a campanha «Happiness from the skies». Esta usou drones para distribuir latas da bebida a trabalhadores migrantes da construção civil, em Singapura, que estavam a trabalhar em arranha-céus.

As latas vinham acompanhadas de uma mensagem de agradecimento a esses trabalhadores que dizia: «For all the hardwork you've put into our beautiful city. Thank you».

Eugene Cheong, Chief Creative Officer da Ogilvy & Mather Ásia-Pacífico, referiu que a campanha teve êxito em três áreas: ao usar os *drones*, criou um efeito-surpresa, promoveu uma mensagem de responsabilidade social e teve um efeito viral, com a divulgação do vídeo, que ultrapassou o evento.

Fonte: Kindness.SG.

Red Bull

Fonte: *Website* Redbull.

A Red Bull lançou o filme *The Ridge*, só possível por ter sido filmado por drone. Este atingiu 43 milhões de visualizações no YouTube.

2.8. IMPRESSÃO 3D E 4D

3D

A tecnologia de impressão 3D veio transformar todo o processo de fabrico, possibilitando mais facilmente a personalização em larga escala, a custos mais baixos, a diminuição de utilização de matérias-primas e eliminando a necessidade de *stocks*.

É possível utilizar diversos materiais na impressão 3D, o que conduz à possibilidade de criação de cada vez mais produtos. Passa a ser possível, ao próprio comprador, personalizar determinados produtos, criando a sua própria versão, no acto de aquisição. Do lado das empresas, à medida que a impressão 3D se desenvolva, diminui a necessidade de constituição de *stocks* desse tipo de produtos, que passam a ser fabricados ao momento.

4D

A impressão a 4D usa impressoras 3D para criar objectos a três dimensões, utilizando materiais inteligentes que podem ser programados para mudar a sua forma, cor, ou dimensão quando recebem estímulos externos. É o caso de resinas de hidrogel ou polímeros activos. A impressão é feita em 3D com um determinado desenho que se altera, ao longo do tempo, em contacto com a humidade, pressão atmosférica, luz ou temperatura, para atingir o objectivo pretendido. Este tipo de impressão permite que um objecto possa ser dobrado, reparado, montado, ou mesmo desintegrado, adquirindo uma forma diferente ao reagir com o ambiente.

A impressão 4D já foi utilizada na área da medicina e da cirurgia, pela implantação de vasos nervosos de um feto, os quais se vieram a desintegrar quando deixaram de ser necessários.

Coração impresso a 4D (brevemente)

Fonte: Iberdrola.com.

O 4D também pode ser utilizado no fabrico de vestuário adaptável ao formato do corpo e ao movimento, como o caso do teste que está a ser feito pelo exército dos EUA no sentido de alterar da sua cor consoante o ambiente em que o utilizador esteja. Na área do calçado, o 4D possibilitará também a adaptação ao movimento, à temperatura e à pressão atmosférica. Um outro exemplo: a Airbus tem estado a testar materiais que reajam ao calor, para arrefecer os motores dos aviões.

2.9. *SMART WEARABLE DEVICES*

Uma aplicação relevante dos *wearables* é a assistência remota a seniores. Trata-se de um serviço baseado na internet, conectando as pessoas a objectos inteligentes, como sensores da pressão arterial, *smartphones*, cintos e vestuário inteligente, *smart glasses* e outros sensores da actividade física.

Exemplo de arquitectura de um sistema remoto de monitorização de saúde

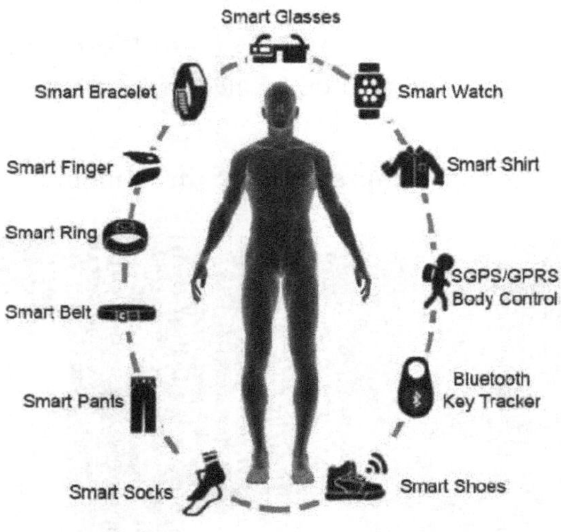

Fonte: Rodrigues Joel *et al.*, 2018.

TIPOS DE *WEARABLE TECHNOLOGY*

> *Expect the haptic suit to become the new joystick, allowing consumers to feel physical sensations corresponding with their virtual experience.*
>
> Dentsu Consumer Vision, 2022.

VESTUÁRIO E ACESSÓRIOS INTELIGENTES (*SMART WEARABLE*)

Os *wearables* são dispositivos electrónicos que se adaptam a alguma parte do corpo humano, que permitem uma interacção contínua com outros utilizadores e equipamentos como *smartphones*, *headphones* ou até uma peça de calçado com GPS. O vestuário inteligente permite, de entre outras funções, monitorizar o ritmo cardíaco, as emoções, atender chamadas, ou mesmo efectuar certos pagamentos.

No que ao marketing diz respeito, os *wearables* permitem um conjunto de acções orientadas para uma melhoria da oferta nos diversos segmentos das empresas:

- Uma melhor segmentação e personalização perante cada utilizador individual, em virtude de ser possível conhecer o tipo de actividade e mesmo o local onde o mesmo se encontra a executá-la. Desta forma, sendo preservadas as questões ligada à privacidade, é possível a entrega de soluções e experiências na altura adequada.
- A sincronização destes equipamentos com as redes sociais vai permitir o desenvolvimento de estratégias de *mobile marketing*.
- O desenvolvimento de estratégias de marketing — digital — através da análise do que poderíamos designar por micro-momentos comportamentais das pessoas.

Segundo a *Research and Markets*, o mercado dos *wearables* atingirá 118 milhões de USD, em 2028 (segundo outras previsões, a dimensão deste mercado será de 460 mil milhões de USD, em 2030) em particular no referente aos *smartphones* e equipamentos multimédia ligados ao desporto e à saúde. Ainda segundo o mesmo *website*, os segmentos dos relógios e da electrónica de consumo serão os determinantes no crescimento apontado, salientando-se a Apple, Samsung, Xiaomi e Huawei, Nike, Google, Sony, Adidas e LG como principais fornecedores de soluções.

Louis Vuitton

O *Tambour Watch*, da Louis Vuitton, contém uma funcionalidade associada aos guias de cidade da marca. Em função da hora e local onde o utilizador se encontra, a aplicação recomenda o melhor restaurante, bar ou loja dessa zona em sete países.

A Samsung e a Google estão a estudar formas de tornar as peças de roupa inteligentes como os *smartphones*. É a chamada *wearable technology* ou vestuário inteligente, primeiramente com aplicações a nível do desporto e do *fitness*.

A camisola produzida pela Hexoskin's é conectável a um *smartphone*, através de *bluetooth*, e a aplicações de *fitness* como a Strava. Já a HTC e a Under Armour desenvolveram uma parceria para a elaboração de uma balança conectada, que mede o peso e a gordura do corpo humano, enviando também a informação para um *smartphone*.

Samsung

Samsung NFC Suit

A Samsung tem demonstrado interesse na indústria do vestuário inteligente, tendo lançado o *Body Compass workout shirt* que monitoriza dados biométricos. Lançou também o *Bean Ploe Golf* que monitoriza o tempo e os níveis de UV.

A Samsung tem ainda o *NFC suit* que permite trocar digitalmente cartões de visita e desbloquear o telemóvel.

Samsung Belt — WELT

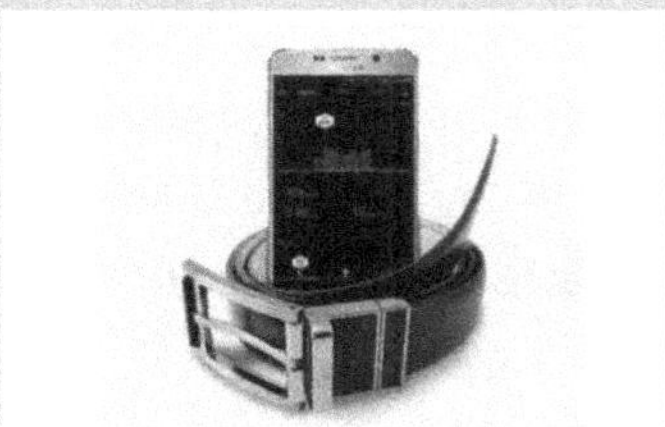

O cinto da Samsung faz o *tracking* do movimento da pessoa, relacionando-o com o eventual aumento ou diminuição da cintura. Pode ser conectado a um *smartphone* e informa sobre a medida da cintura. Um algoritmo, medindo a forma como o estômago se expande, conclui se tal acontece devido a comida excessiva, ganho de peso ou inchaço, expondo os resultados graficamente em tempo real.

Fonte: Samsung.

Projecto Soli

O Projecto Soli, da Google, usa um radar que emite ondas electro-magnéticas, implantado num *wearable*, num automóvel ou noutro dispositivo, podendo detectar, com precisão milimétrica, gestos e movimentos das mãos de uma pessoa. Segundo a Google, os sensores são capazes de reconhecer o espaço em três dimensões e, apesar de ser um controlo virtual, as interacções parecem físicas, havendo uma resposta táctil quando os dedos tocam uns nos outros.

Fonte: Google.

Projecto Jacquard

O Projecto Jacquard, promovido pela Google, e estendido a marcas como a Levi's e a Adidas, entre outras, consiste numa nova tecnologia que incorpora painéis de toque em peças de vestuário, calçado e outros acessórios, permitindo integrar a conectividade e experiências digitais nos seus produtos. Interagindo com os sensores do vestuário, os utilizadores podem aceder a aplicações de música ou utilizar o telefone móvel.

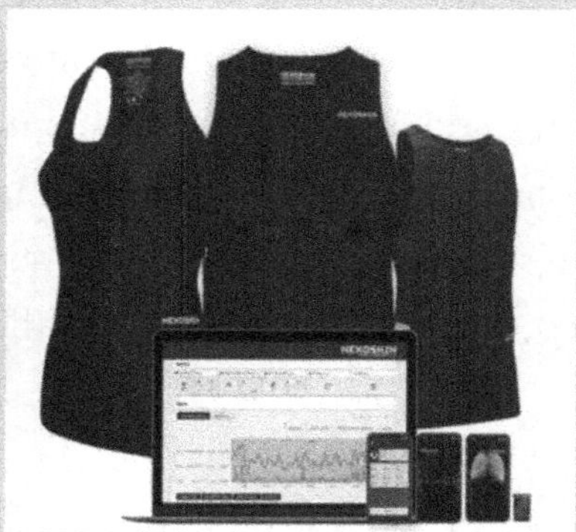

Outro exemplo: a BMW permite que os utilizadores solicitem um *test drive* numa pulseira. Os clientes da marca podem utilizar também esta pulseira para acederem ao *owners' cafe* da marca.

Assim como outros aparelhos, objecto da IoT, os têxteis (e-têxteis) podem ser embebidos em soluções de nanotecnologia, com condutores/sensores ultrafinos e flexíveis. A combinação destes componentes aporta ao vestuário inteligente (*smart clothes*) novas funcionalidades que medem a *performance* do utilizador, nomeadamente aquando da prática de exercício físico.

Ambiotex

A empresa Ambiotex desenhou uma camisola inteligente, destinada a atletas, com sensores que permitem medir as variações de ritmo cardíaco, níveis de *stress* e objectivos aeróbicos e de *fitness*. É possível acompanhar essas variações numa aplicação móvel que também permite gerir programas de treino.

Fonte: *website* da empresa.

Nadi X Smart Yoga Pants

A Nadi X, criada pela empresa Wearable X, é uma linha de calças para ioga que gera vibrações hápticas, nas ancas, joelhos e tornozelos, ajudando o utilizador a atingir as posições correctas para a prática deste exercício.

Fonte: *website* da marca.

Nike Adapt

O *Nike Adapt* é um sistema de atacadores que se ajusta electronicamente ao formato do pé, interligando-se com o telefone móvel através do Siri ou do *Google Voice*.

Estão também em desenvolvimento as *smart contact lenses* que permitirão diversos tipos de monitorização biomédica.

As chamadas tecnologias inteligentes — *smart* — são, genericamente, as ligadas a dispositivos IoT, a outros aparelhos conectados (câmaras de segurança, telefones móveis) e a outros susceptíveis de serem programados para determinadas tarefas (máquinas de café, aparelhos de ar condicionado).

Quando foi criado, o termo *smart*, tinha um significado preciso, (*Self-Monitoring Analysis and Reporting Technology*), tendo posteriormente assumido a analogia com «smart» (inteligente). Actualmente, o termo refere-se a qualquer dispositivo conectável com a rede internet, com outros aparelhos ou bases de dados remotas.

2.10. *INTERNET-OF-SENSES*

O toque e o gosto irão enriquecer a experiência *online* e atenuar as fronteiras entre os mundos real e virtual.

A *Internet-of-Senses* (IoS) vai possibilitar experiências digitais de áudio, visuais, hápticas e sensoriais, totalmente imersivas e multi-sensoriais, à semelhança das sensações recolhidas num ambiente físico e real. Se a tecnologia 5G tem permitido o desenvolvimento da IoT, a tecnologia 6G irá possibilitar este tipo de experiências multissensoriais. O ser humano passará por um alargamento dos seus sentidos através de uma visão, olfacto, audição e tacto aumentados, permitindo uma interacção entre humanos e com as máquinas nunca possível anteriormente.

Neste campo, cite-se o muito interessante relatório *Hot Consumer Trends* do Ericsson ConsumerLab, de 2019. Segundo o mesmo, «o cérebro passará a ser a interface do utilizador (UI), podendo, por exemplo, planear o caminho para um destino, unicamente pensando nele; conseguir detectar o gosto de um produto (*digital aroma*) através de um dispositivo; visitar virtualmente um local experienciando os cheiros desses locais (*digital smell*); será possível o toque digital numa superfície através do telemóvel (*absolute touch*); a praticamente não distinção entre o real e o digital, pela fusão entre os dois mundos (*digital touch*)».

Ainda segundo o mesmo relatório, "os consumidores terão acesso a centros comerciais digitais, que lhes permitirão usar todos os sentidos humanos, enquanto fazem as suas compras".

IOT 6G

Algumas conclusões do relatório *Hot Consumer Trends* do Ericsson ConsumerLab

Visão

O cérebro tornar-se-á o novo interface do utilizador, reduzindo a necessidade de écrans, teclados, ratos e consolas de jogos. Os óculos de RA vão permitir que as pessoas possam ver os seus pensamentos no mundo real.

Olfacto

O olfacto será tornado numa experiência *online*. Os comerciantes poderão passar a vender os seus produtos emitindo um aroma.

Paladar

O paladar poderá também ser experienciado através de dispositivos. As pessoas poderão, eventualmente, vir a poder provar, por exemplo, o sabor de comida que passe num dado écran num programa de culinária.

Tacto

O tacto será amplificado, permitindo sensações realísticas a partir de alguns sistemas que já permitem recebeu um *feedback* táctil, através da RV e de *smartphones*.

Audição

A audição é também um dos sentidos que será impactado pela tecnologia na próxima década.

MULTISENSORY EXTENDED REALITY

> *Penso que estamos a entrar num mundo magnífico da interacção homem-máquina. A máquina faz o trabalho pesado ao identificar os elementos e os dados mais relevantes e então a mente humana agrupa esses elementos para criar uma obra-prima.*
>
> K. Pradeep, CEO, MachineVantage

A IoS fundirá o mundo físico e o virtual, numa nova realidade multi-sensorial estendida. Isto será possível devido aos desenvolvimentos de dispositivos e vestuário hápticos, permitindo sensações reais de objectos reais. É provável que, durante a década de 2030, a utilização de óculos ou lentes de RA permita visualizar o caminho para um certo destino em que se esteja a pensar ou a possibilitar que se escrevam determinadas mensagens apenas com o pensamento, atenuando-se assim a diferença entre pensar e fazer — ficção hoje, certamente uma realidade num futuro próximo.

A Internet-of-*Senses* tem a capacidade de transformar as experiências digitais em imersivas, tornando-as multi-sensoriais. Será possível, por exemplo, sentir o calor do sol ou o vento na face, estando em casa.

As experiências digitais imersivas e interactivas vão igualmente permitir a sensação de estar num determinado lugar diferente daquele em que realmente se está reduzindo, porventura, a necessidade de certas deslocações, contribuindo assim para a redução da poluição.

2.11. *BRAIN COMPUTER INTERFACES. INTERNET-OF-BRAINS*

A INTERNET DOS CÉREBROS. *INTERNET-OF-BRAINS*

Até aos nossos dias, tem-se verificado que o ser humano se tem adaptado às máquinas, ao computador, automóvel e ao telemóvel, por exemplo. Com o desenvolvimento das novas tecnologias da IA, vai-se verificando que são as máquinas, através da sua flexibilidade e adaptabilidade, a adaptar-se às necessidades do ser humano — *Humantech* — tendo a capacidade de compreender a linguagem natural — *Natural Language Processing* — dos movimentos humanos, até ao momento em que serão capazes de interpretar as ondas do cérebro, através de interfaces Homem-máquina. Este é o caminho para a integração dos mundos físico e virtual em que serão possíveis novas experiências sensoriais e hiper-reais. A próxima geração do *network* Homem-máquina constituirá uma experiência hiper-real, centrada no Ser Humano (por exemplo, a Neuralink). Será possível efectuar a ligação do cérebro humano directamente à internet, de forma a fazer circular informação nos dois sentidos: do cérebro para a internet e daí para o cérebro.

Um projecto (Medical Express Magazine, 2017) concebido e superintendido pelo professor Adam Pantanowitz — o *Brainternet* — com uma equipa de engenheiros biomédicos, da Universidade de Witwatersrand, da África do Sul, conectou o cérebro humano à internet em tempo real. Tecnicamente, o processo envolveu a conversão de sinais de um electro-encefalograma numa corrente de ondas cerebrais, usando a *Machine*

Learning para classificar os sinais produzidos pelo movimento humano da pessoa que estava a ser analisada.

O *braininternet* consiste no envio de correntes de ondas cerebrais para a internet, solução da IoT que se pode designar por *internet-of-brains.* Esta solução constitui uma nova fronteira nos interfaces cérebro-computador. Pantanowitz projecta utilizar os dados recolhidos numa aplicação de um *smartphone* que gera dados para um algoritmo de *machine learning* e que, posteriormente, poderá ser utilizado na transferência bilateral de dados.

Os processos de *brain interface* vão possibilitar (como o caso do *chip* da Neuralink) a execução de tarefas diretamente a partir dos pensamentos — como pensar que se quer telefonar para alguém e a chamada ser automaticamente feita pelo *smartphone.*

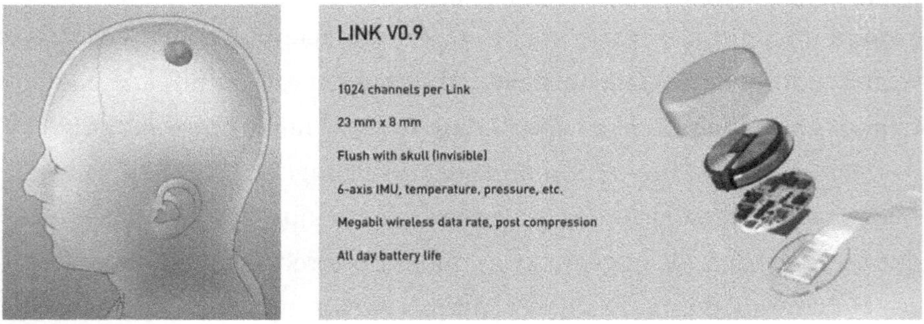

Fonte: Neuralink, 2021.

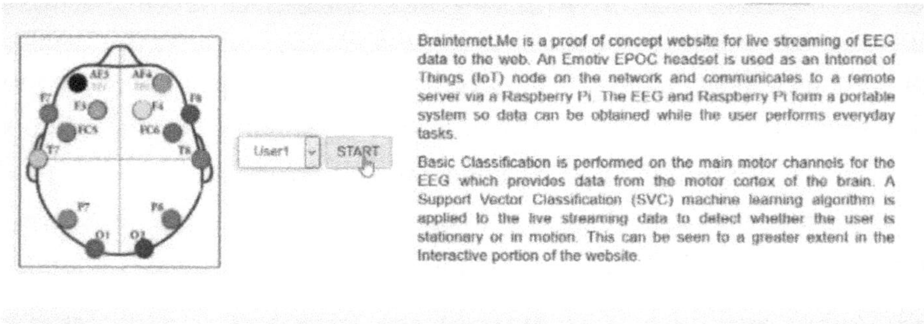

Fonte: Jemma Chait e Danielle Winter, Wits University (2017).

2.12. GAMIFICAÇÃO

O grande desenvolvimento técnico dos jogos digitais, dos jogos de vídeo e a grande adesão aos mesmos, principalmente das novas gerações, vieram criar as condições para a utilização do *gaming* pelo marketing. Os jogos, que envolvem normalmente elementos de competição e recompensa, constituem um ambiente favorável à utilização de técnicas de envolvimento de campanhas de marketing, em virtude de serem divertidos, desafiantes e interactivos.

Estas campanhas podem assumir, entre outras possibilidades, a forma de questionários; programas de fidelização; recompensas por acumulação de pontos trocáveis por descontos ou atribuição de produtos; tabelas de classificação em *posts* nas redes sociais, encorajando a concorrência; incentivo aos jogadores a completar uma dada tarefa num certo ambiente. A possibilidade de atracção do jogador permite ainda: a obtenção de dados de contacto dos mesmos, assim como incentivar os utilizadores a criar e partilhar *user-generated content* como, por exemplo, a participação e resultado num dado jogo; informar ou educar audiências, de uma forma divertida e envolvente; aumentar a notoriedade da marca; gerar a conversão. Um bom exemplo é o da Heineken, que criou um jogo próprio no âmbito da Champions League de futebol. Segundo uma pesquisa da Deloitte, *Digital Media Trends*, de 2021, há mais de 1 bilião de *gamers* em todo o mundo, prevendo-se que sejam mais de 1,3 biliões em 2025.

Starbucks

A Starbucks utiliza uma aplicação móvel de jogos que tem em conta a história e localização de compras dos clientes para personalizar a relação, permitindo aos clientes a personalização dos seus pedidos e gostos, em conjugação com um sistema de recompensas.

Starbucks for Life

A marca tem promovido anualmente uma campanha designada *Starbucks for Life*. Trata-se de um jogo disponibilizado aos membros do seu programa de fidelização. Os membros ganham o direito de jogar ao comprarem bebidas e resolverem alguns desafios com que são confrontados. Os vencedores podem ganhar bónus, produtos ou bebidas grátis, inclusivamente para toda a vida.

Fonte: Starbucks For Life *website*.

Doritos Roulette

O *Doritos Roulette* trata-se de uma campanha de marketing da marca Doritos, lançada em 2015 e relançada em 2021. O produto *Doritos Roulette* consiste numa embalagem de *chips* de queijo onde, além dos *chips* normais, se encontra um picante. Os clientes nunca sabem se vão comer um normal ou um muito picante. A Doritos, em colaboração com a Walmart, promoveu o produto, nos EUA, através das redes sociais, onde se sugeria que os clientes encorajassem os seus amigos a provar para ver quem seria o primeiro a comer o *chip* picante.

Fonte: Walmart.

Esta campanha teve uma grande adesão, sendo os resultados largamente partilhados nas redes sociais.

2.13. *WEB* 3.0. *WEB* 4.0

WEB 3.0

A web tem vindo a atravessar diversas fases, desde a primeira iteração, em 1992, até aos tempos actuais.

Encontramo-nos agora no limiar da terceira iteração da *Web*, a *Web* 3.0. Esta é caracterizada por ser baseada em tecnologias descentralizadas, pelas cripto-moedas, NFT e *blockchain*, pela descentralização da propriedade dos dados e pela atomização dos mesmos.

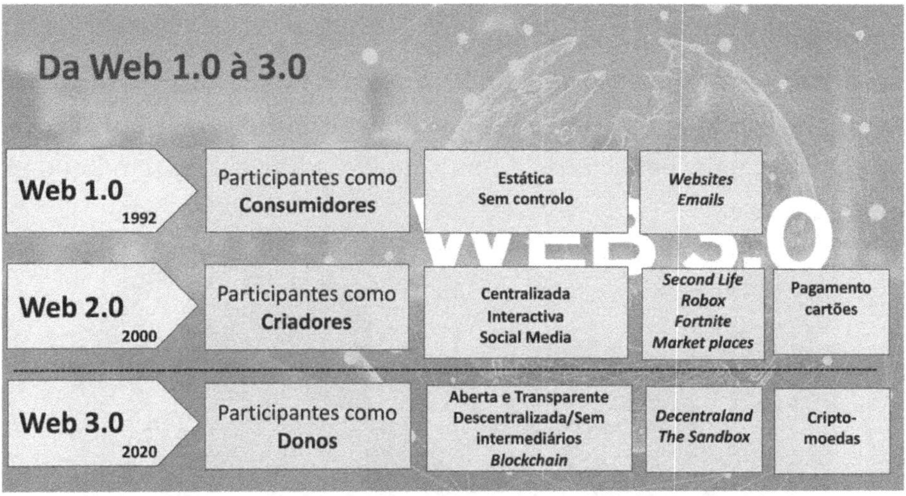

A eliminação de intermediários, permite a participação de todos sem necessidade de monetização dos dados. A descentralização, com base na *blockchain*, permite aos utilizadores da *web* manterem um controlo total dos seus dados privados. Isto transfere o poder das organizações e das empresas directamente para as pessoas, objecto desses dados, dando origem a Organizações Autónomas Descentralizadas (DAO), como as DeFi, que são entidades *online* que coordenam a actividade entre os elementos de uma dada comunidade, envolvendo a transacção de produtos financeiros (poupança, empréstimos, seguros), sem a intervenção de bancos comerciais ou centrais ou de outras entidades financeiras. Estas entidades são descentralizadas, porque nenhuma entidade central pode alterar as regras de funcionamento, e autónomas, porque as decisões são tomadas com base em *smart contracts* — previamente estabelecidos — sem intervenção humana.

Algumas novas possibilidades com as novas gerações da *web*

NAKED-EYE 3D DISPLAY

A implementação dos *naked-eye display* envolve a digitalização de objectos em três dimensões, uma rede de transmissões, um sistema óptico e computacional e um écran. Esta técnica permite a visualização de vídeos a três dimensões, a olho nu, sem a utilização individual de qualquer aparelho óptico. Actualmente, existem diversas aplicações, de entre as quais, publicitárias, como em Piccadilly Circus, em Londres ou na China.

Fonte: Carlos M. Oliveira.

TOQUE DIGITAL

A internet táctil é possibilitada pela interacção sensorial multidimensional.

DIGITAL SMELL

Entre os cinco sentidos, dois deles — gosto e tacto — obrigam ao contacto directo, enquanto os restantes três — visão, audição e olfacto — não. Em particular, o olfacto exige uma interacção mais forte.

A digitalização do olfacto passa por três fases técnicas: a percepção do odor, a transmissão na rede e a reprodução do mesmo.

A sistematização da percepção do odor já foi efectuada com a utilização de certos materiais através de um código de barras que pode gerar reacções químicas e que, de acordo com o odor em questão, podem gerar mudanças de cor. A relação entre o código de barras e o odor pode ser identificada através de algoritmos do *Deep Convolutional Neural Network* (DCNN). Os DCNN estão principalmente focados em aplicações como a detecção de objectos, classificação de imagens, sistemas de recomendação e processamento de linguagem natural.

Convolução é uma operação matemática em que duas funções produzem uma terceira que expressa como a forma de uma é modificada pela outra. O termo convolução refere-se à função-resultado, assim como ao processo da sua computação. Os *networks* neurais convolucionais recebem imagens como *input* e usam-nas num processo de treino.

O processo de convolução pode ser utilizado para a classificação e procura de imagens, como faz a Google, Facebook ou a Amazon. O processo envolve a procura e etiquetagem de objectos, incluindo a capacidade de avaliar o sentimento envolvido na mesma imagem. No domínio da análise de recomendação, o sistema da Amazon analisa as preferências do utilizador e recomenda produtos cujas imagens — incluindo a sua cor — correspondam com outros que o cliente já tenha visto ou comprado.

Comercialmente, já existem processos de reprodução do odor de produtos, como geradores de odor para certos jogos de realidade virtual, que usam cinco cartuchos com odores diferentes. Eles emitem cheiros, como do oceano, pólvora, madeira ou do solo, provocando um aumento da imersão da experiência do jogador. No futuro, será possível a utilização, em alternativa a este processo, de interfaces entre o computador e o cérebro humano, o que tornará o processo mais fiável. A combinação da percepção do odor e da sua reprodução ajudarão a criar uma internet que nos vai permitir ouvir e ver, mas também cheirar.

Em conclusão, a próxima geração da interacção Homem-máquina irá suportar totalmente novas experiências, em realidade alargada, *naked-eye 3G display*, tacto e olfacto digitais. Tecnicamente, as soluções já existem, dependendo certamente da possibilidade de disponibilização da futura geração 6G.

PERSONALIZAÇÃO / MECANISMOS DE RECOMENDAÇÃO

O Mecanismo de Personalização (*Personalization Engine/PE*), também designado Mecanismo de Recomendação, utiliza diversos *insights* extraídos do comportamento do utilizador, assim como de outros utilizadores similares, para criar experiências personalizadas de acordo com as suas necessidades e preferências. Como estes mecanismos algorítmicos de IA e de ML utilizam informação para efectuarem as suas previsões, quanto maior o número de dados a que tenham acesso, maior será a acuidade das suas previsões.

Estes Mecanismos de Recomendação são utilizados frequentemente no comércio electrónico (por exemplo, na Amazon) e em canais de *streaming* (por exemplo, na Netflix), como também nos média, permitindo:

- Segmentação fina de clientes.
- Elaboração de mensagens personalizadas ao nível individual.
- Recomendações ajustadas aos interesses de cada um, tendo como consequência um aumento das receitas.
- Melhores períodos de conversão.
- Possibilidade mais ajustada de *cross-selling*.

WEB 4.0

O progressivo desenvolvimento da *Web* 3.0 conduz a que a tecnologia esteja no limiar da *Web* 4.0, a era da Inteligência Artificial.

Nesta fase, poderão estar conectados agentes inteligentes — pessoas — e objectos inteligentes, máquinas e equipamentos; por isso será uma *web* simbiótica ou semântica, na qual se vão desvanecendo as fronteiras entre o Homem e a máquina.

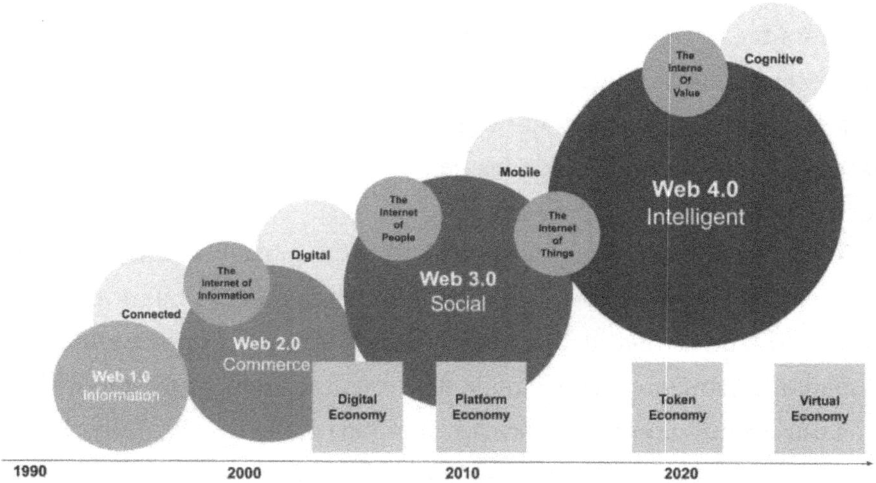

Fonte: www.bamert-consulting.ch.

Trata-se de um ambiente de profunda integração tecnológica com grande impacto no quotidiano das pessoas, na interacção social, nos serviços e na actividade económica. Em termos técnicos, vão predominar, de uma forma integrada e interactiva, a Big Data, IoT, a inteligência artificial, a realidade virtual, a tecnologia 3D, o RFID, e as aplicações de realidade virtual — um mundo em que os algoritmos vão ser cada vez mais capazes de executar tarefas cognitivas, anteriormente só possível a humanos. Antevêm-se, de imediato, a proliferação de *chatbots* no atendimento e serviço de clientes, a possibilidade de rastreio de encomendas *online* em tempo real, a publicidade totalmente personalizada.

2.14. COMPUTAÇÃO QUÂNTICA

A IBM será a primeira empresa a comercializar uma das soluções de computação quântica, o *Q System One*, um cubo de vidro com quase 3 x 3 metros e 20 *qubits* que estará disponível para o sector empresarial. A computação quântica é um novo e sofisticado ramo da informática que se baseia na física quântica, utilizando super-computadores e princípios de sobreposição da matéria, permitindo trabalhar com vastíssimas bases de dados com velocidades de computação muitíssimo superiores aos tradicionais computadores.

Tecnicamente, os computadores actuais armazenam dados em *bits*, que assumem a forma de 1 ou de 0. Os computadores quânticos usam outra unidade de medida, um único átomo designado por *qubit*, o que aumenta largamente a capacidade de computação do computador. Vejamos um exemplo: um computador quântico de 30 *qubits* pode realizar 10 triliões de operações por segundo, 5.8 triliões a mais que uma consola *Play Station*. A Airbus utiliza a computação quântica para projectar aviões mais eficientes e ela que servirá igualmente para um melhor planeamento de tráfego aéreo e optimização das rotas.

A computação quântica vai permitir ao marketing:

- Maior relevância dos anúncios, permitindo atingir mais pessoas a um custo inferior.
- Melhor cobertura de dados móveis.
- IA mais humanizada, como no caso do *Google AI*.
- Melhor detecção de *clusters* de segmentação, através da junção da computação quântica e da IA.
- Sistemas de decisão mais avançados.

John Cosley, Senior Director Global Brand Management da Microsoft Advertising (Accenture, 2016), afirma que os computadores quânticos, ao acelerarem as transacções e as interacções, vão tornar as experiências com a IA mais naturais, humanas e eficazes. Afirma ainda que: «A *customer experience*, será o *mindset* de todo o negócio, onde equipas multi-disciplinares irão actuar em conjunto para compartilhar conhecimentos e *expertise* em torno de um mesmo objetivo.»

A computação quântica vai permitir alargar, ainda mais, o campo de dados a processar e a analisar, viabilizando uma maior qualidade de previsão e resultados. Os modelos preditivos utilizados neste ambiente vão possibilitar a optimização de campanhas e compras de média, de tal forma que se estará no limiar do que Rajamannar (2021) designa por «*Quantum Marketing*».

2.15. *NO CODE*

A essência do *no code* é a existência de *software* que permite que qualquer pessoa possa criar soluções, inicialmente apenas acessíveis a programadores, com custos mais reduzidos.

Algumas aplicações do *no code*

Websites	Gestão de projectos
Landing pages	Bases de dados
Aplicações móveis	Tecnologias de voz
Analytics	*Customer Service*
Marketing	Comércio electrónico
Marketplaces	*CRM*

Não é, assim, necessário ao utilizador ter conhecimentos de desenvolvimento de Tecnologias de Informação, usar código, realizar testes ou corrigir eventuais *bugs*, logo, é um método mais acessível e intuitivo. A OpenAI tem desenvolvido aplicações que permitem *Google Ads* e *Facebook Ads*, *Wordpress*, *MailChimp*, *landing pages*, *e-mails* e publicações de blogue através de um notavelmente eficiente robô *copywriter*.

O *no code* permite descentralizar e autonomizar diversas tarefas, anteriormente centralizadas em técnicos, aumentando a velocidade, alargando a criatividade, sendo acessível a todos e aumentando o poder e a capacidade dos *marketers*. Esta situação corresponde a uma fase do *Martech*, em que diversos *softwares* e aplicações possibilitam aos *marketers* trabalhar com automação, permitindo uma verdadeira disrupção na criação por parte de todos, em comparação com os modelos anteriores. Como exemplos, citem-se as plataformas Canva, Wix, Salesforce, Hubspot, Amazon AppFlow, de entre tantas outras. O *no code* vem permitindo libertar os *marketers* de algumas questões técnicas, podendo-se focar mais fortemente na concepção das melhores experiências para os clientes.

2.16. DA INDÚSTRIA 1.0 À INDÚSTRIA 5.0: INOVAÇÃO, DISRUPÇÃO E SUSTENTABILIDADE E SEU IMPACTO NO MARKETING

DA 1ª À 3ª REVOLUÇÃO INDUSTRIAL

Com antecedentes no século XVII, em Inglaterra, James Watt (1736–1819) desenhou a primeira máquina a vapor que veio revolucionar completamente a actividade industrial no século XVIII, permitindo gerar a energia necessária para a geração de movimento. A potência necessária para isso era, anteriormente, gerada pelos moinhos de vento. A substituição dos elementos naturais, como o vento e os animais, na tracção de diversos mecanismos veio a possibilitar a utilização do carvão como combustível nas minas, nas indústrias e nos transportes. Novas profissões começaram a surgir, ao mesmo tempo que aumentou a eficácia dos processos produtivos utilizados então. Os factores base desta primeira Revolução Industrial (1760–1830) centravam-se na substituição da manufactura, na mecanização de tarefas repetitivas, na utilização em larga escala do ferro, nos teares mecânicos e no carvão.

A segunda Revolução Industrial teve início por volta de 1870, seguindo-se um novo período de grandes avanços tecnológicos, na sequência da invenção do motor a combustão. Dá-se início à produção em escala, ao Taylorismo e ao Fordismo, este em particular na área automóvel, com a decorrente tecnologia de produção em série (*one size fits all*, em que o empresário norte-americano afirma que os seus clientes poderão escolher qualquer cor para o automóvel que queiram comprar «desde que seja preto»), com a utilização massiva do petróleo, do aço e da electricidade. Novos meios de produção espalham-se por todo o mundo, com a produção em massa, a automatização e a racionalização do trabalho e o surgimento das novas indústrias, eléctricas e químicas. É uma época da expansão do transporte ferroviário, o qual assume um papel de relevo no transporte de mercadorias e de pessoas. A mecanização massiva com a alteração dos processos de produção vai, contudo, gerar desemprego, pela substituição progressiva da mão-de-obra pelas máquinas, geradoras de maior produtividade e lucro. Estes processos acabam por gerar excessos de produção, invertendo o ciclo lucrativo das economias. É esta também a época da mundialização das economias, da expansão mundial da industrialização.

A terceira Revolução Industrial começa a assumir um papel mais relevante a partir da década de 60. Assiste-se à transformação das tecnologias mecânicas e analógicas para a electrónica e digital. É a época das altas tecnologias da informática, do computador, da robótica e do desenvolvimento exponencial dos *softwares*, iniciando-se a fase de ouro de Silicon Valley na Califórnia. Esta foi, provavelmente, uma das maiores revoluções, tendo em conta as alterações produzidas à escala do planeta pelo fenómeno da globalização, da comunicação entre os países, da alteração das relações sociais e laborais. Em particular, a internet veio a assumir um papel determinante no mundo económico e empresarial, das relações entre as pessoas, da política e das ciências. É também esta a época do lançamento das multinacionais e do capitalismo financeiro. Porém, a utilização massiva, por vezes desenfreada, dos meios de produção e das matérias-primas vieram gerar graves desequilíbrios nos ecossistemas ambientais e nos recursos naturais com os inevitáveis problemas de sustentabilidade daí resultantes.

a. Indústria 4.0

A quarta Revolução Industrial — Indústria 4.0, ou internet industrial — começa a ter expressão no fim da primeira década deste século, em particular pelas iniciativas em fábricas de alguns estados como os EUA, Singapura, Alemanha, Finlândia, Holanda, de entre alguns outros. A Indústria 4.0 representa a conexão entre o mundo físico e o digital, conectando pessoas, máquinas, coisas e sistemas, sendo caracterizada pela Revolução Digital, pela inter-conectividade, pelo processamento da *Big Data*, pelas redes de transmissão de dados e cibernética, pela internet-das-coisas, pela IA e a ML, pelo *edge computing*, pelo funcionamento inteligente das cadeias de produção. Grandes avanços se vêm processando a nível da nanotecnologia, robótica, biotecnologia, das impressoras 3D e dos *drones*.

Estas novas plataformas agregam informação humana e robôs, permitindo análise autónoma, decisão e previsão, em tempo real, com capacidade para serem auto-geridas, podendo dizer-se que possuirão verdadeira inteligência cognitiva. Os processos produtivos daqui decorrentes vão permitir uma total personalização de produtos ao consumidor final, alterando as bases da concorrência pela optimização dos processos de produção, pela digitalização total, com o aumento de produtividade e redução dos riscos de produção e a consequente criação de novos modelos de negócio e novas fontes de rendimento.

b. Indústria 5.0

O conceito de Indústria 5.0 está relacionado com o de Sociedade 5.0 (Keidanren, Federação de Negócios Japonesa, 2016), na medida em que ambos se referem à mudança para um novo paradigma da sociedade e da economia. No conceito de sociedade, a forma como as pessoas asseguram a sua sobrevivência está directamente relacionada com a forma que estabelecem as suas relações sociais.

Sociedade 1.0 e 2.0 — Períodos pré-industriais, até final século XVIII.

Sociedade 3.0 — Sociedade Industrial (primeira, segunda e terceira revoluções industriais).

Sociedade 4.0 — Domínio da Sociedade de Informação (digitalização).

Sociedade 5.0 — Caracterizada pela utilização na vida quotidiana das avançadas tecnologias de informação, IoT, robôs, IA e RA na indústria, nos cuidados de saúde e noutras esferas da actividade, para o benefício e conveniência de cada cidadão. Tem como objectivo tentar equilibrar o desenvolvimento económico com a resolução dos problemas sociais e ambientais.

A Sociedade e a Indústria 5.0 adoptam uma perspectiva centrada no ser humano (*human-centric approach*), colocando as necessidades e interesses das pessoas no foco do processo de produção, salientando a formação profissional, o *up-silling* e o *re-skilling*, criando condições para a necessária qualificação do capital humano. Significa isto, também, que a utilização das novas tecnologias não destrói os direitos fundamentais dos trabalhadores como a privacidade, autonomia e dignidade humana. Já neste sentido, a Comissão Europeia lançou o Regulamento Geral de Protecção de Dados (RGPD) e o *White Paper* sobre Inteligência Artificial. Duas outras vertentes são a Sustentabilidade e a Resiliência com os objectivos de redução do consumo de energia e de emissão de gases de estufa. A nova visão da sociedade caminha para a o conceito de Capitalismo Consciente, no qual as empresas não devem trabalhar só para o lucro, mas também para a satisfação de todos os seus *stakeholders*. Em síntese e segundo a Comissão Europeia:

> A Indústria 5.0 complementa o paradigma da Indústria 4.0, realçando a investigação e desenvolvimento, como alavancas para a transição para uma indústria sustentável, resiliente e centrada no ser humano. Ela muda o foco do valor para o accionista, para o valor para os *stakeholders*, com benefícios para todos.

> A Indústria 5.0 tenta capturar o valor das novas tecnologias, criando prosperidade para além dos empregos e do crescimento, na medida em que respeita o planeta, colocando ainda o bem-estar do trabalhador no centro do processo de produção. (2021)[5]

Se a quarta Revolução Industrial, em curso, vai permitindo a digitalização total e a criação de fábricas inteligentes, a quinta Revolução Industrial, que se começa paralelamente a desenrolar nalgumas fábricas (da Tesla, por exemplo), mas que se irá desenvolver com mais força a partir de meados fins da presente década/década de 30, vai reintroduzir o elemento humano na concepção produtiva das sociedades. Constituirá esta fase a época do repensar e da introdução de novos modelos de negócio e industriais centralizados no ser humano, com a criação de uma nova economia no metaverso com base nas tecnologias da Realidade Virtual, da complementaridade e interacção entre a máquina e o Homem, deixando a este as tarefas mais nobres de concepção, inovação e criação de soluções e de produtos — a época da mecanização total inteligente, com a robótica ao serviço da Humanidade.

As soluções decorrentes desta fase da evolução da indústria, vão ser também caracterizadas pela flexibilidade das cadeias de produção e pela sua ajustabilidade às necessidades de cada momento de uma forma imediata em tempo real. Constituirão factores preponderantes a sustentabilidade, o controlo de qualidade, a redução de desperdícios e a capacidade resiliente de reacção e resposta à mudança. Um novo paradigma da transformação digital vai procurar conciliar os interesses em jogo de todos as partes interessadas, dos trabalhadores, dos accionistas, da sociedade do ambiente.

A abordagem *human-centric* coloca o ser humano, as suas necessidades e interesses, no centro do processo de produção, mudando a evolução *technology-driven* para uma abordagem centrada no ser humano

[5] Comissão Europeia, (2021) *Industry 5.0, Towards a sustainable, human- centric and resilient European industry*. Direcção-Geral de Investigação e Inovação.

e na sociedade. Neste contexto, os trabalhadores passam a ser considerados como um investimento e não como um custo. A tecnologia tem de estar ao serviço das pessoas e da sociedade. Isto pressupõe a criação de ambientes de trabalho inclusivos que preservem a saúde e o bem-estar dos colaboradores, os seus direitos e privacidade e o equilíbrio entre a vida profissional e a vida privada.

No respeitante ao ambiente, a indústria tem de ser sustentável, privilegiando a circularidade, a redução de desperdícios e o seu impacto na redução da emissão de gases de estufa.

A resiliência pressupõe o desenvolvimento de uma indústria robusta que possa resistir e subsistir às alterações que a envolvam.

Em suma, as empresas que se encontrem na fase da Indústria 5.0 serão caracterizadas pela orientação para uma dada missão (*missions-driven)* e baseadas em valores (*values-based companies*), contemporizando com as práticas da economia circular, centradas no ser humano e na sustentabilidade ambiental e social.

2.17. COMPUTAÇÃO NEUROMÓRFICA

A designação surge em 1984, no Califórnia Institute of Technology (Caltech), pelo cientista americano Carver Mead.

A computação neuromórfica consiste na modelação de técnicas digitais à semelhança do cérebro humano e do seu sistema nervoso, emulando a sua estrutura e funcionamento. Este processo vai buscar as suas raízes na neurociência, biologia, física, matemática, ciências da computação e engenharia electrotécnica.

Através deste tipo de computação, que utiliza algoritmos baseados em redes neuronais, é possível desenvolver um conjunto de *hardware/software* que permita reter informação e «raciocinar» como um ser humano.

Será, assim, possível não só o desenvolvimento de um novo tipo de algoritmos, mas também por exemplo a nível do *hardware*, a criação de *microchips*, à semelhança dos neurónios humanos e das sinapses, permitindo, em consequência, uma cada vez maior aproximação da máquina às formas de funcionamento do cérebro humano, no sentido do que designamos por *Humantech marketing*.

3

GERIR O *HUMANTECH MARKETING*: TEMAS DO PRESENTE E DO FUTURO

Como tem sido referido ao longo do texto, o *Humantech* corresponde a uma fase do desenvolvimento do marketing em que as tecnologias são desenvolvidas com base na centralidade do ser humano. Trata-se, pois, de um processo contínuo que foi mais marcadamente iniciado com a era digital e a pós-digital da qual nos aproximamos.

A tecnologia vem permitir o desenvolvimento de soluções de marketing totalmente personalizadas, disponibilizadas no momento em que a pessoa assim o deseje, de modo a se estar perante o que designo por marketing molecular e humano, um marketing verdadeiramente *Human-to-Human*[6].

[6] Conceito desenvolvido na sequência do que designei por *Marketing* pós-digital (Oliveira, 2020).

CARACTERÍSTICAS DA FASE PÓS-DIGITAL DO *HUMANTECH MARKETING*

MARKETING PÓS-DIGITAL DISRUPTIVO

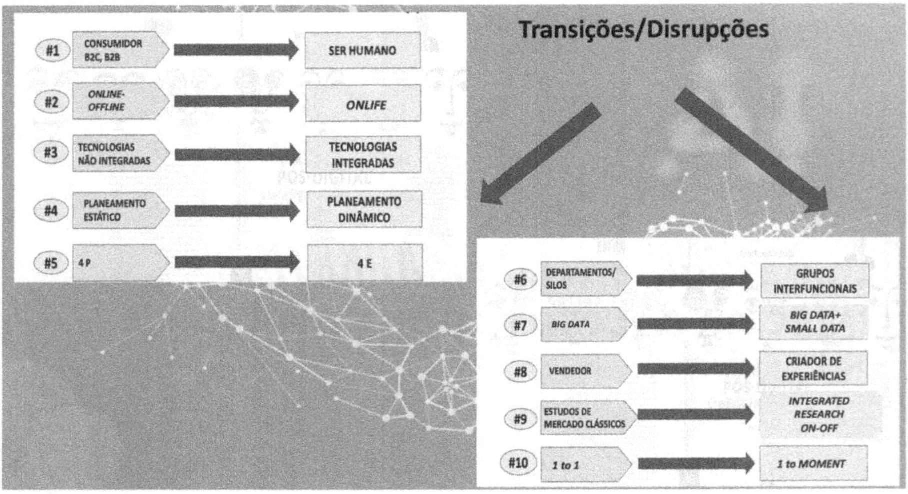

#1 DO CONSUMIDOR AO SER HUMANO

O comportamento das pessoas face ao consumo é cada vez mais complexo. Não é mais possível estereotipar segmentos em função de determinadas variáveis como o rendimento ou o património, nem pela utilização de um dado canal de comunicação. As pessoas utilizam todo o tipo de canais — quando o entendem como mais conveniente. Também um nível elevado de rendimento não significa que o padrão de compra se foque unicamente em produtos de luxo ou *high standard*. Uma pessoa pode almoçar numa qualquer cadeia de *fast-food* e jantar num restaurante de luxo; pode viajar na Ryanair com um relógio Cartier. Existe, portanto, uma combinação emocional e racional que leva as pessoas a tomarem determinadas decisões de compra consoante o local, a situação, ou o estado de espírito, o momento.

O conceito de «consumidor» é uma abstracção, usada pelo marketing e pela economia, para isolar o comportamento das pessoas na sua actividade de compra de bens e serviços. A microeconomia, por uma questão de abstracção modelar, trata de uma actividade racional — «o consumidor racional». Contudo, na realidade, não é possível explicar as acções de consumo isoladas do comportamento holístico da pessoa. O que vai determinar as diversas acções de consumo são várias e de índole racional e emocional. É conhecida hoje, pelo marketing, a importância das emoções geradas experiência de compra têm nessas decisões, logo, trata-se de uma situação mais complexa do que a mera racionalidade.

Vários estudos apontam que a experiência emocional de compra e da marca é o factor mais relevante. O estudo *State of the connected consumer* (Salesforce, 2018) revela que 84% dos consumidores consideram que a experiência global de compra, proporcionada por uma empresa, é tão importante como os produtos e serviços que disponibiliza. Também Zaltman (2003), professor em Harvard, revela que 95% das decisões de compra são subconscientes.

Em consequência, há que centrar a análise no comportamento holístico do Ser Humano, analisar os seus interesses e gostos e antecipar as suas necessidades de forma a poder propiciar não só os produtos e os serviços, mas as experiências que conduzam a decisões positivas de experimentação, compra e eventual repetição da mesma. O consumidor dificilmente, hoje, se fideliza a uma marca, pelo que há que ter a capacidade de a cada momento, disponibilizar aquilo que a pessoa necessita e quer.

#2 *ONLINE+OFFLINE=ONLIFE*

Cada vez mais, as pessoas utilizam os meios *online* seja o computador ou o telemóvel. Lêem e vêem textos como notícias, anúncios e outros nos meios *online* e *offline*. Em consequência, a percepção de um dado facto é global: a percepção de uma dada marca não é separada consoante o meio em causa, ela é uma consequência das experiências de contacto anteriormente tidas, pelo que se poderá dizer que a pessoa tem uma vida *onLife*, integrada e não discriminatória do meio.

Compreensão da PESSOA na sua plenitude

As pessoas passam cada vez mais tempo *online*

Progressiva integração/fusão *online+offline (ONLIFE)*

Fonte: Oliveira (2020).

#3 TECNOLOGIAS INTEGRADAS

Continua a assistir-se ao desenvolvimento contínuo e exponencial das tecnologias, em particular das de informação e comunicação. Esse desenvolvimento, de mote próprio, ou respondendo a requisitos das várias actividades, tem permitido a sua aplicação nas múltiplas áreas da sociedade e, no caso que nos interessa, na gestão e no marketing. Contudo, não existe ainda uma total integração destas tecnologias, no sentido da optimização dos processos e soluções.

#4 PLANEAMENTO DINÂMICO

Classicamente, o processo de planeamento de uma empresa ou, especificamente, de marketing é — tem sido — um longo, tipicamente efectuado no último trimestre do ano para o ano subsequente. É importante que esse planeamento se faça e, em particular, que tenha em atenção as grandes macrotendências que servem de enquadramento ao desenvolvimento da actividade.

É a conjugação de todos os elementos constantes na figura abaixo que poderá permitir a elaboração de cenários alternativos que possibilitem que a empresa possa estar preparada para encarar as alterações conjunturais que se produzam. Em consequência, é importante a definição de estratégias e planos alternativos, perante cenários também alternativos.

A mudança dos mercados é contínua e rápida; a instabilidade é forte — tenha-se em atenção, por exemplo, a inesperada invasão da Ucrânia pelas Rússia, após um período de paz de 77 anos, na Europa, não obstante algumas perturbações regionais, como o caso da anterior Jugoslávia; as alterações de gostos e comportamento das pessoas é *evide*nte. Tendo tudo isto em atenção e, não obstante a importância do exercício de planeamento conforme referido, torna-se necessária a existência complementar de um processo de planeamento dinâmico, ágil, que possa responder às alterações de momento nalgum dos factores de enquadramento da actividade.

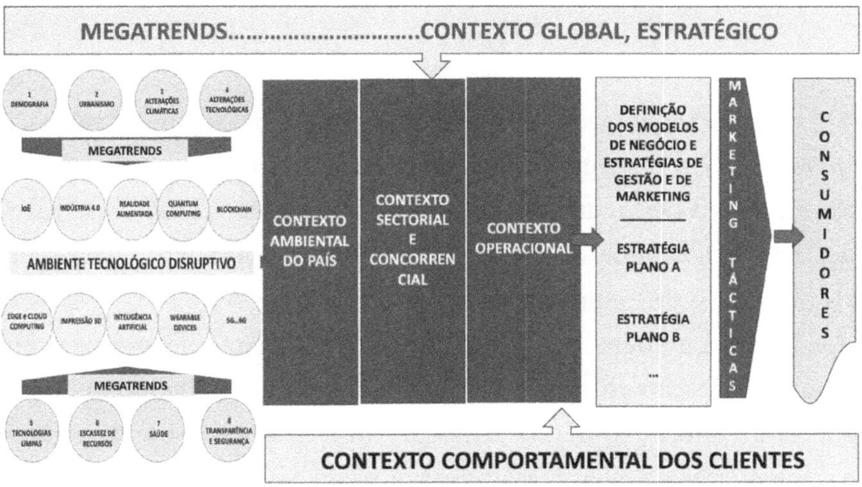

As novas realidades carecem, então, de um novo sistema de planeamento, mais dinâmico do que o tradicional. O processo de planeamento estratégico de marketing tem sempre de começar pela concepção da Visão e da decisão sobre a Missão da empresa e da marca. As principais diferenças residem na gestão estratégica dinâmica da relação da empresa com o mercado e com os clientes.

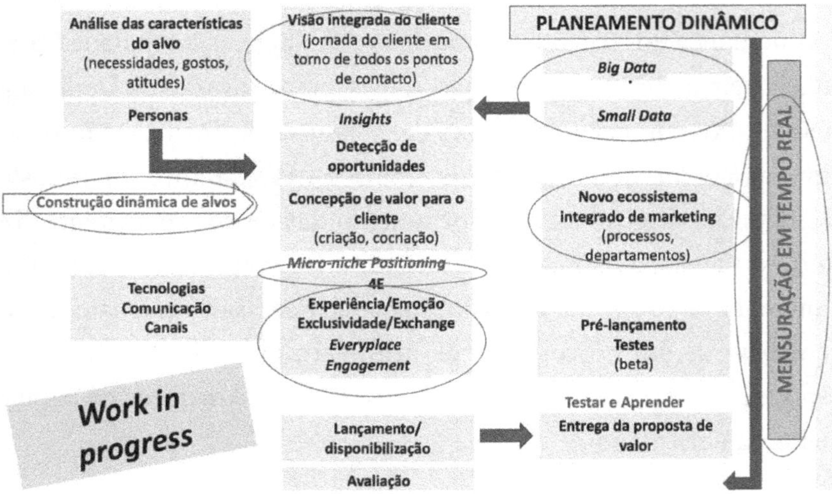

Fonte: Oliveira (2020).

Há que, então, começar pela visão integrada do cliente e a definição da *persona* e da respectiva jornada. Para isso, há que analisar a *Big Data* e a *Small Data*, através de métodos analíticos (*analytics*) para a criação de *insights* que se adequem aos alvos — dinâmicos — em causa e aos objectivos da empresa.

As novas tecnologias permitem um posicionamento de micro-nichos, esse maior ajustamento às necessidades e expectativas dos clientes. Segue-se a concepção da proposta de valor com base na experiência que se quer criar ao cliente. É importante que, sucedendo a uma fase de protótipo se faça um pré-lançamento (metodologia *Design Thinking*) para testar se a solução oferecida corresponde, de facto, ao expectado pelos alvos e às personas, pré-definidos. Depois, em tempo real, é possível analisar a resposta dos clientes, podendo ser feitos, a todo o tempo, os ajustamentos necessários.

#5 OS 4E

Atendendo à importância que as pessoas atribuem à experiência de compra, sugerimos (Oliveira, 2021) a adopção de uma nova combinação, que se foque nessa experiência, baseada nos 4E: *Emotion, Exchange, Everyplace* e *Engagement.*

A prática da gestão de marketing tem conduzido a que o processo de gestão a seguir tenha de ser alterado, passando-se de uma combinação 4P (*product, price, promotion, place*) que defina as melhores formas de entregar o produto ao consumidor, após a sua concepção, para a entrega da melhor experiência possível no momento em que a pessoa necessita e quer. Trata-se agora de uma inversão total na concepção do *mix*, na óptica do consumidor e com base na experiência que se quer entregar.

Fonte: Oliveira (2020).

User Experience Design (UX)

No sentido de criar uma oferta que corresponda a um conjunto de experiências positivas dos clientes, o desenho da mesma deve ser feito com base na experiência do utilizador (*User Experience Design*), envolvendo todo o processo de criação do produto de *branding*, de *design* e de funcionalidades.

Segundo a *International Organization for Standardization* (ISO), a *User Experience* (ISO 9241-210) é definida como: «a percepção e as respostas de uma pessoa que resultam da utilização ou do uso antecipado de um produto, sistema ou serviço». Já Donald Norman, inventor da expressão «*user experience*» e Professor Emérito da Universidade da Califórnia e Northwestern refere que,

> Um produto é mais que um produto. É um conjunto integrado de experiências. Pense-se em todas as fases de um produto ou serviço — desde as intenções iniciais até à reflexão final, desde a primeira utilização, para ajudar, dar serviço e manutenção. Façam com que tudo funcione perfeitamente (Nielsen Norman Group).

Várias marcas têm procurado criar produtos que ofereçam experiências elevadas/ de alto nível aos seus utilizadores, como é o caso da Apple, com o iPhone, um produto que alia a eficiência ao prazer e ao divertimento. Os produtos que conduzem a uma elevada experiência do utilizador baseiam-se na pesquisa aprofundada, na interacção com as pessoas e na percepção do tipo de problemas e gostos daquelas enquanto utilizadoras.

#6 GRUPOS INTERFUNCIONAIS

Já em 1954, Drucker (*op cit.* Robinson, Cynthia K 2012) definiu o marketing como uma dimensão central do negócio. «É todo o negócio encarado do ponto de vista do seu resultado, isto é, do ponto de vista do cliente.» Desta forma, pode-se concluir que toda a empresa tem de estar organizada e centralizada no cliente, de modo a poder propiciar-lhe a solução mais adequada. Acontece que, com raízes ainda na primeira Revolução Industrial, as empresas começaram a organizar-se por funções, como a financeira, recursos humanos, marketing, comercial, jurídica, entre outras.

Embora as empresas disponham normalmente de um plano estratégico e de um plano operacional, que contemplam os grandes objectivos do negócio e os respectivos KPI, na sua prática de actuação estão muitas vezes centradas nas suas metas funcionais imediatas, não estando assegurado que a cadeia de valor se centra efectivamente no cliente. Acresce que, em muitos casos, existem diversas pessoas e unidades que se relacionam com os clientes, não se assegurando, assim, a total coerência e inexistência de fricções na relação. Diversos autores vêm referindo, nas últimas décadas, a necessidade de um novo tipo de organização, do tipo *Process-Based Marketing Management* (PBMM) (Moutinho *et al.*, 2014).

O PBMM pode ser definido como «uma filosofia de organização e uma estrutura organizativa, no qual o conceito de satisfação das necessidades dos consumidores está presente em todos os aspectos dos processos de negócio e de decisão, baseados em dinâmicas interfuncionais fortes e positivas». (Manrai, 2014). Shapiro (1988), considera que para as empresas terem uma orientação de mercado, devem perseguir três processos complementares:

- A informação sobre todos os processos influenciadores da compra tem de estar presente em todas as funções empresariais;
- As decisões estratégicas e tácticas têm de ser interfuncionais e transversais aos vários departamentos da empresa;
- As funções e as decisões dos departamentos têm de ser coordenadas e executadas com um espírito de compromisso.

Esta é a forma organizativa de ultrapassar os silos departamentais que constituem barreiras fortes a cadeias de valor centradas nos clientes, organizadas de forma a melhor os satisfazer.

#7 *BIG DATA* + *SMALL DATA*

A recolha automática de dados, de múltiplas fontes, o seu armazenamento na *cloud* — *Big Data* — vem permitir coleccionar múltiplos dados, assim como a sua posterior transformação em informação, através da sua análise automatizada, com a Inteligência Artificial e o *Machine Learning* e a sua disponibilização, em tempo real, em qualquer lugar. Contudo, segundo Lindstrom,

> a melhor aproximação do que somos como ser humanos deriva de misturarmos as pessoas que somos na internet e fora dela, e de combinarmos os mega-dados com os pequenos dados. (...) Esta amálgama de gestos, hábitos, gostos, aversões, hesitações, padrões de fala,

> decorações, palavras-passe, *tweets*, actualizações de estado e mais é aquilo a que chamo pequenos dados, ou *small data*. (2016)

A crescente ligação de aparelhos e instrumentos à internet, através da IoT, tem vindo a acrescer a miríade de dados recolhidos na *cloud* através deles.

Complementarmente à *big data*, então, a *small data*, conseguida por meios não-automáticos, pela observação presencial e quotidiana, seja do comportamento de um dado grupo de consumidores, seja do problema a resolver, permite o seu conhecimento particular e diferencial, assim como uma interpretação mais personalizada e não-generalista, como a análise automática dos grandes volumes de dados (Oliveira, 2020). Em suma, pode-se afirmar que a *Big Data* traduz um pensamento convergente, derivado da máquina, enquanto a *Small Data*, o pensamento divergente, do ser humano.

#8 CRIADORES DE EXPERIÊNCIAS

A percepção de uma marca por um cliente é consequência de todas as experiências e interacções que tenha tido com elas: o que leu, o que ouviu dizer, as suas experiências de compra e de contacto, a publicidade. É necessária, assim, a total coerência em todos os pontos de contacto, de forma que a comunicação seja unívoca e consistente. Deste modo, todos os elementos de contacto são criadores de experiências, contribuindo, positiva ou negativamente, para essa percepção. O tradicional vendedor não poderá ser unicamente um elemento de venda de produtos, mas um elo numa cadeia de valor para o cliente que dá consistência e contribui para uma sua experiência positiva.

#9 INTEGRAÇÃO DO *RESEARCH*

O grande avanço que o digital veio trazer à pesquisa de mercado é a possibilidade do acompanhamento, em tempo real, dos comportamentos das pessoas, nomeadamente através da sua participação em redes sociais e, de uma forma geral, em todos os meios de contacto *online* com as empresas. O *research* pode, assim, ser prospectivo e baseado em comportamentos reais, indiciadores de comportamentos e interesses futuros.

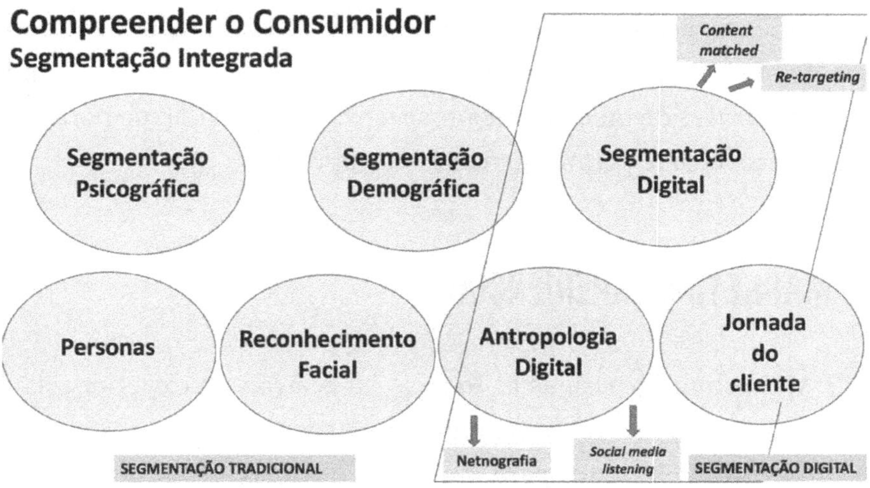

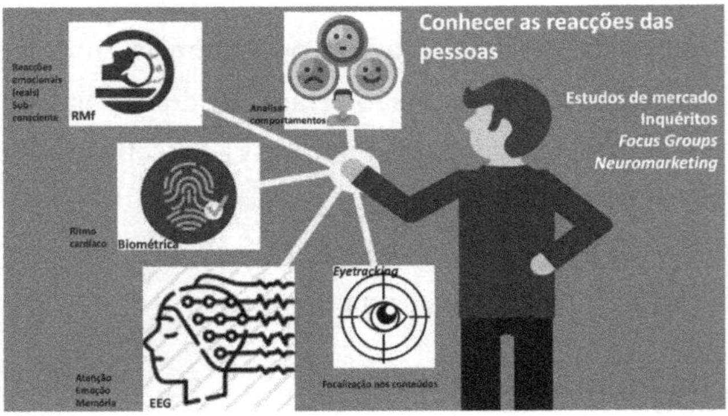

#10 *1-TO-MOMENT*

Finalmente, as tecnologias disponíveis da Inteligência Artificial, do *Machine* e do *Deep Learning*, através do acompanhamento da jornada do cliente, possibilitam não só entregar ao cliente o que ele necessita, mas fazê-lo no momento em que ele tem essa necessidade.

O *1 to moment* constitui um avanço importante em relação ao anterior *1to1*, pois, além de permitir a entrega da solução mais adequada para cada um, possibilita ainda a antecipação da própria acção de procura do cliente, atendendo à análise do perfil de compra e de comportamento, através de uma análise prospectiva e de previsão de potenciais acções desse cliente perante a marca ou empresa.

3.1. MARKETING EXPERIENCIAL

O Marketing Experiencial foca-se na criação de experiências de marca para o cliente — começando na personalidade e nos seus valores, desde que relevantes para o cliente em causa — no sentido de o mesmo ter recordações positivas que lhe tragam prazer e contribuam para desejar ter novo envolvimento futuro com a marca. O Marketing experiencial foca-se, assim, na criação de experiências de marca e não só no produto. Estas podem ser diversas, desde eventos corporativos, *webinars*, concursos, campanhas interactivas, experimentação de produtos e outras activações de marca. É uma forma eficaz para o contacto com os clientes e as pessoas, em geral, e a criação de experiências. Os principais objectivos são aumentar a notoriedade da marca, a procura e a venda; criar laços com a audiência; gerar *word-of-mouth* nas redes sociais, obter dados e informação de clientes ou *prospects*, aumentar o grau de afinidade e fidelização dos clientes.

A concepção da experiência para o cliente não se resume à criação de um qualquer evento que, ainda assim, possa ser relevante, mas à própria concepção global da oferta — *marketing-mix* — aí centrado. Por isso, todos os seus elementos do produto e as suas características, desde o preço, às formas de comunicação e interacção, ao seu acesso ou ao serviço pós-venda, contribuem para uma experiência positiva e memorável. Como já foi referido, os consumidores querem ser tratados não como estritamente tal, mas como pessoas individualizadas, por isso, é muito relevante a capacidade de criar memórias emotivas que possam reforçar a ligação e o envolvimento e, consequentemente, aumentar as conversões e as vendas.

Para o sucesso deste tipo de acções e, naturalmente, das empresas, é necessário o conhecimento exacto das suas audiências e a definição dos seus alvos, no sentido de criar as experiências mais adequadas aos interesses, gostos e necessidades desses segmentos. Com o emergir da RV e da RA, novas e interactivas experiências podem ser criadas, com um grau de eficácia superior. Constituem factores de sucesso de experiência *online* do utilizador um conteúdo adequado, verdadeiro e relevante, a velocidade de comunicação, a existência de aplicativos e interfaces amigáveis e a navegação o mais segura possível.

CUSTOMER EXPERIENCE

O estudo da PwC, «Future of Customer Experience Survey», de 2018, conclui que 46% das pessoas abandonarão uma marca se o pessoal de contacto não for conhecedor, atencioso, com uma boa atitude de ajuda ao cliente.

Richard Branson, CEO do Grupo inglês Virgin, afirma mesmo que: «não pode esperar que os seus empregados cuidem dos seus clientes, se não estiverem felizes na sua actividade e se não acreditarem verdadeiramente na essência do seu negócio.»

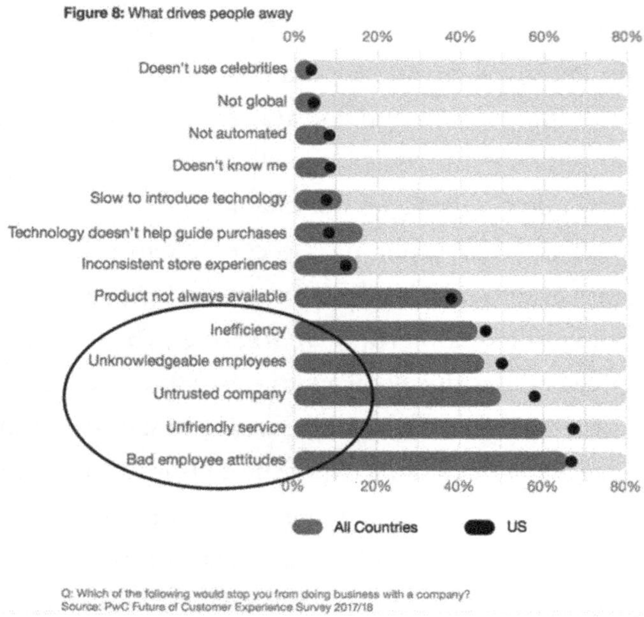

O mesmo estudo conclui que os factores mais valorizados da experiência do cliente são a eficiência do serviço, a conveniência, a simpatia e o conhecimento por parte do prestador.

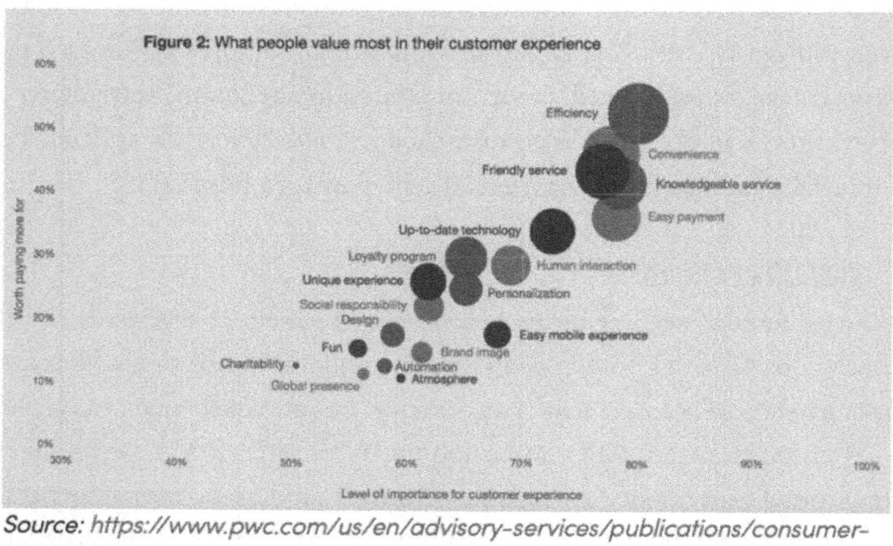

Source: https://www.pwc.com/us/en/advisory-services/publications/consumer-intelligence-series/pwc-consumer-intelligence-series-customer-experience.pdf

APPLE

A marca criou os *photo-walks*, em que os colaboradores ensinavam as pessoas a tirar fotos, *selfies* ou outras, com o iPhone ou com o iPad.

M&M: *Flavor Rooms*

A marca decidiu criar um ambiente para decidir o seu próximo sabor, um *pop-up* imersivo em Nova Iorque. Esta experiência consistia em *flavor rooms* decoradas e com diferentes fragrâncias. A sala tinha *lounges* com *snacks* e bebidas com temática da marca alusiva a esse ambiente.

Blog.hubspot.com

3.2. *DATA-DRIVEN* MARKETING

A *Big Data* constitui uma das soluções mais ricas para o desenvolvimento das acções de marketing. Trata-se de recolher informação, dados, transaccionais e comportamentais, armazená-los debaixo de uma determinada arquitectura na *cloud* e analisá-los através de modelos analíticos e efectuar previsões, através de modelos prospectivos.

A análise da *Big Data* envolve um processo de elevado poder computacional, de aplicação de técnicas de IA e de ML a grupos de informação massiva. Neste campo, os metadados, descritos, por vezes, como *dados que descrevem outros dados*, isto é, caracterizando, por exemplo, como e quando os dados foram recolhidos, como foram processados e que relações podem ter com outros dados.

A existência de uma plataforma de dados de clientes (CDP) permite agregar dados de clientes de várias origens, podendo os mesmos ser partilhados com outras aplicações. A CDP unifica os dados dos clientes, dados transaccionais, comportamentais e demográficos de todos os canais e origens. As aplicações de marketing podem utilizar essa informação para segmentar, personalizar a *net*, optimizar a jornada do cliente, efectuar campanhas de marketing, recomendar produtos, antecipar o abandono. Existem três tipos de dados de clientes:

- **Comportamentais:** gerados pelas interacções do cliente com a empresa que utiliza dispositivos ligados à internet, fornecendo diversas informações sobre essas interacções.
- **Demográficos:** diversos dados, como idade, sexo, população, económicos, educação, interesses e emprego.
- **Transaccionais:** compras, devoluções, pagamentos, subscrições.

Uma CDP é complementar a uma solução de CRM. A primeira aglomera dados provenientes de todos os pontos de contacto do cliente, segmentando-os para utilização em campanhas personalizadas de marketing. Um CRM também armazena dados de forma principalmente manual. Estes dois sistemas podem ser complementados com outros sistemas de automatização inteligente com a utilização da IA e do *Machine Learning.*

BIG DATA NOS SERVIÇOS FINANCEIROS

- Segurança e detecção de fraude, através da análise das transacções, detectando comportamentos não usuais que possam indiciar fraude, lavagem de dinheiro ou *phishing.*
- Gestão de risco, através de *scoring* e de análise de crédito.
- CRM, no que se refere a segmentação, oportunidades de *cross selling* e *up selling.* A análise da *Big Data* permite compreender

e melhor prever o comportamento dos clientes, a melhor escolha de alvos e o desenho de um serviço mais personalizado.

De acordo com a Statista, o montante total de *Big Data*, em 2025, irá ocupar 180 *zettabytes* (10 elevado a 21). Estimam igualmente que o segmento de mercado da *Big Data* cresça até atingir 130 mil milhões de dólares em 2027.

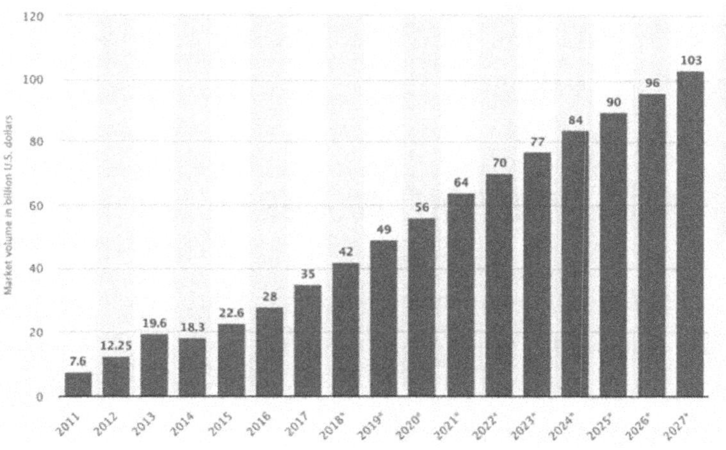

Fonte: Statista.

O armazenamento e a análise da *Big Data* contribuem para o conhecimento profundo do cliente, a personalização da relação, das ofertas, da experiência e de modelos *data-driven.*

***MACHINE-DRIVEN* MARKETING**

A utilização da IA, do ML e de algoritmos no marketing vem possibilitar, entre outras coisas, a personalização das ofertas junto dos clientes assim como das experiências disponibilizadas. A definição da *persona* ajuda a focalizar a actuação de marketing no efectivo alvo pretendido e que melhor se ajusta, em função dos comportamentos desse grupo, em termos de interesses e necessidades, à proposta de valor concebida.

A conjugação de algoritmos com a análise preditiva permite automatizar e optimizar o processo de utilização e transformação de dados em acções e interacções personalizadas, prevendo comportamentos e antecipando necessidades.

A IA permite seguir todos os passos da jornada do cliente, possibilitando o ajuste individual das melhores soluções e experiências em cada uma das fases em que ele se encontre. Um bom exemplo é o da Amazon. A empresa segue todos esses comportamentos, desde a procura passiva, sem compra subsequente, ao regresso — *re-engagement* — do cliente. A Amazon utiliza, assim, as já clássicas recomendações de compra, o *re-targeting*, para além do ML para detectar a notoriedade de novos produtos junto dos clientes.

3.3. O FIM DOS *THIRD-PARTY COOKIES*

A recente legislação europeia e nacional sobre privacidade de dados — RGPD — vem ditar o fim dos *third-party cookies*. Os *cookies* permitem aos *marketers* a recolha de dados de utilizadores, o que é bastante útil para o desenvolvimento de campanhas e acções personalizadas.

Embora a legislação só tenha surgido recentemente, os navegadores Safari e a Firefox já os tinham eliminado desde 2013. Em consequência, as marcas terão de utilizar os seus próprios dados de relação com os seus clientes, sendo indispensável o registo de todas as interacções, ao longo de todos os canais de relação e a transparência total na recolha de dados do cliente, permitindo também que os visitantes, por exemplo, do *website* possam modificar os seus dados de relação e preferência.

As empresas disporão de menor acesso a informações relevantes para as suas estratégias de re-marketing; maior dificuldade em conhecer os interesses dos utilizadores; menor conhecimento das páginas que geram maior envolvimento; menor personalização aquando das visitas aos *sites*.

Com o fim dos cookies, a Google criou o método FLoC, *Federated Learning of Cohorts*, uma tecnologia *open source*. Esta consiste na recolha anónima de dados utilizando o rastreio e criando coortes para monitorar o comportamento dos utilizadores e traçar o seu perfil médio sem os identificar individualmente. Por exemplo, um coorte poderá ser um conjunto de pessoas que visite *sites* de hotéis e viagens, sendo que o *browser* determinará qual o coorte que melhor se identifica com a história de navegação do utilizador.

3.4. A GESTÃO DINÂMICA DA RELAÇÃO COM OS CLIENTES. REDEFINIÇÃO DO FUNIL DE MARKETING

As tecnologias digitais vieram trazer novos instrumentos que permitem a gestão dinâmica da relação com os clientes, entre os quais a gestão do funil de marketing/vendas. Os passos a seguir passam por: aceder, envolver, customizar, conectar, colaborar, desenvolvendo estratégias de *customer network*.

ACEDER

No sentido de facilitar o acesso dos clientes a uma dada proposta, produto ou serviço torna-se necessário que a mesma seja rápida e simples, que haja redução ou mesmo eliminação das fricções/dificuldades de acesso, flexibilidade e conveniência no contexto em que processa essa relação. Torna-se um imperativo, além da marca dever ter uma presença ubíqua – uma estratégia omnicanal – e ininterrupta *online*, dispor de soluções de comércio electrónico.

Com o objectivo de captar localmente a atenção na periferia de algumas lojas, as técnicas de marketing hiper-local, como o *geofencing*, podem ser utilizadas de forma tanto mais eficaz, quanto a loja disponha de dados de relação anteriores.

ENVOLVER

Para que haja um maior envolvimento dos clientes, há que disponibilizar conteúdos úteis, válidos, atractivos e relevantes, por exemplo, através do *storytelling*, e, se possível oferecer, *demos* ou amostras de produtos.

CUSTOMIZAR

Customizar a oferta pressupõe a concepção de ofertas adaptáveis às necessidades dos clientes. Esta adaptação pode ser realizada de diversas formas como, por exemplo, através de motores de recomendação (Amazon, Netflix) interfaces personalizadas (Sephora, Lâncome), produtos personalizados (Coca Cola) ou mensagens personalizadas.

CONECTAR

A presença nas redes sociais possibilita a participação nas conversas dos clientes, desde que não de forma intrusiva. O *social listening* constitui uma forma de ir percebendo mais proximamente as preocupações dos clientes, daí decorrendo a possibilidade de solicitar àqueles ideias e conteúdos. Através das redes sociais, tornou-se também possível disponibilizar formas de serviço a clientes, nomeadamente através de *bots*.

COLABORAR

A colaboração pode constituir uma forma interessante de envolver clientes e colaboradores, com o objectivo de procurar compreender as suas motivações, aproveitando as suas valências diversas.

No que se refere aos clientes, por exemplo, a Wikipedia convida as pessoas a colaborar e a construir informação; o Waze aproveita a colaboração dos automobilistas na comunicação de um acidente ou de qualquer outra anomalia que possa afectar o tráfego; a CNN incentiva os telespectadores a colaborar com conteúdos de informação.

O *crowdfunding* ou o *crowsourcing* constituem igualmente plataformas colaborativas no referente a aspectos financeiros, ou não, de determinados projectos. A App Store permite agregar soluções, aplicativo, não concebidos pela marca, de múltiplos sectores de actividade.

3.5. ÉTICA, PRIVACIDADE, RESPONSABILIDADE E PROPÓSITO

Cada vez mais, a relação de uma pessoa com uma marca ou empresa depende da vontade da primeira para manter essa relação. Após anos de investimento em CRM, esquemas de fidelização, etc., as empresas vão chegando à conclusão de que a verdadeira fidelização se verifica quando a pessoa acumula experiências positivas com marcas que para si são relevantes, transparentes, sem fricção e que estão permanentemente abertas ao seu contacto e disponibilidade — quando ela assim o deseja e não quando, por qualquer decisão táctica, a empresa a contacta e tenta vender um produto ou serviço.

Durante muito tempo, e ainda hoje, algumas empresas assumem tácticas invasivas, logo, não relevantes de comunicação, que correspondem unicamente aos seus interesses de venda de momento, e não aos interesses das pessoas, também em cada momento. Em consequência, muitas pessoas procedem ao habitual *zapping*, o que vai destruir o efeito pretendido pelas marcas de atingirem diversos alvos, quando eles assim o não desejem.

É igualmente indispensável que a empresa prossiga uma actuação ética e com responsabilidade e que, de alguma forma, prossiga um propósito, uma razão de ser, que esteja em sintonia com o sentir dos seus alvos, e logo conduza ao interesse e preferência e adesão.

Foi particularmente notório o comportamento de algumas empresas durante a crise pandémica da covid-19, quando começaram — outras continuaram as suas estratégias anteriores já nesse sentido — a assumir publicamente, valores e preocupações que correspondiam ao sentir e ao modo como as pessoas encaravam este novo fenómeno que tanto veio a transformar as suas vidas. Estudos diversos revelam que as empresas que assumiam esse propósito iriam constituir o grupo de preferências pela maioria dos cidadãos.

Um dos impactos mais significativos que a evolução das tecnologias e o comportamento dos consumidores vieram ter foi a rejeição de acções unilaterais por parte das empresas que não correspondessem a reais interesses e necessidades do momento. Existem, pois, desde o início dos processos de digitalização, instrumentos que permitem aos consumidores se relacionarem com as marcas quando o desejem e não quando elas o queiram. Por outro lado, algumas empresas já dispõem hoje de tecnologias que lhes permitem acompanhar a evolução das jornadas de relação dos seus clientes, o que lhes possibilita a capacidade de melhor entenderem, em cada momento, o que eles quererão, podendo mesmo prever e antecipar, aquilo em que possam estar interessados nesse relacionamento.

Cada vez é mais relevante as empresas e as marcas assumirem um *propósito* que ultrapasse e seja mais elevado do que a sua finalidade estritamente empresarial. As marcas começam a contribuir para resolver ou atenuar os novos desafios da sociedade, nomeadamente, as tensões sociais, as desigualdades económicas ou a sustentabilidade ambiental. As novas gerações, Y (*millennials*) e Z, atribuem mais valor e preferência às marcas que desempenham esse papel na sociedade.

NIKE

Por ocasião do assassinato do afro-americano George Floyd, nos EUA, em 2020 pela polícia, a Nike lançou imediatamente uma campanha: "*For once, don't do it. Don't turn your back on racism. Don't accept innocent lives being taken from us. Don't seat back and be silent*» (extractos de frases do vídeo da campanha).

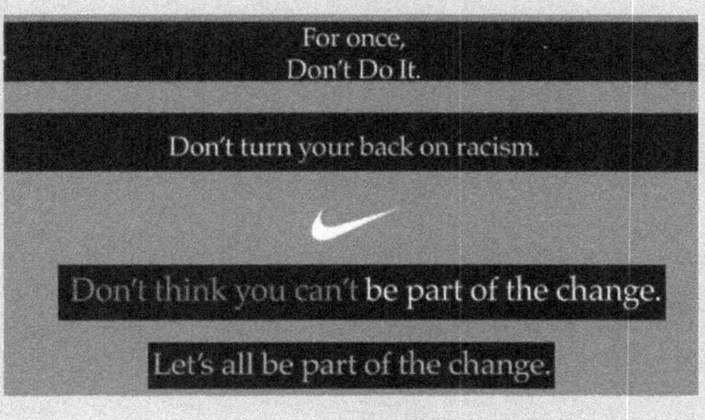

Fonte: vídeo da campanha da Nike.

3.6. *BOT-OPTIMIZED MARKETING*

O *chatbot* é uma solução de AI, usada no marketing conversacional (*vide* 3.14.), que imita voz humana ou responde por escrito a perguntas efectuadas pelas pessoas às empresas. É utilizado em campanhas de marketing e de vendas automatizadas promocionais. Os *chatbots* obedecem a um treino, feito através da IA e do ML e da utilização do Processamento de Linguagem Natural (NLP). Estes instrumentos têm a vantagem de reduzir custos de contacto, disponibilizar um serviço, vinte e quatro horas por dia, de resposta em tempo real, partindo da análise anterior das designadas FAQ (*frequently asked questions*). Com estas ferramentas, é possível usar texto, imagens e vídeo com a informação considerada relevante e com maior probabilidade de ser requerida por quem contacta.

Actualmente, já os contactos — *inbound* e *outbound* — dos *contact centers* são efectuados com a utilização de *scripts* pré-determinados.

De acordo com um estudo da PwC, as pessoas não gostam de interagir com alguém que siga um *script*, mas sim com quem que soluciona, no momento e personalizadamente, as questões que levantam ou os problemas que tenham com a empresa. A IA dispõe — através do *machine learning* — da possibilidade de se adaptar ao modo do discurso de momento de cada cliente. Segundo o mesmo estudo, as pessoas têm a expectativa de usar, cada vez mais, a procura por voz, sendo que 61% do segmento dos 25 a 64 anos que já usam um dispositivo de voz têm a intenção de o usar ainda mais no futuro.

3.7. *BUSINESS-TO-EXPERIENCE*

O *Business-to-Experience* (B2E) consiste na evolução dos conceitos *Customer Experience* (CX) e *Business-to-Business* (B2B). Enquanto o CX procura, numa organização, encontrar as melhores formas de criar experiências relevantes para os clientes, o B2E é um conceito mais disruptivo, porque envolve a alteração da estrutura organizativa, concebida desde a base com o foco no cliente e na alteração das estruturas operativas.

O B2E parte do conhecimento profundo das necessidades e dos hábitos de consumo dos clientes e das análises de *insights*, criando um modelo de empresa, de forma a criar e maximizar as experiências do cliente, pela mudança global de interacção, quer no mundo físico, quer no mundo digital, pela criação de experiências globais e completas O objectivo é, pois, eliminar barreiras, tornando a vida do cliente mais simples, pressupondo uma visão estratégica integrada (*on* e *offline*).

A evolução consiste, na prática, em passar da optimização da relação com o cliente, ao longo da sua jornada, para olhar para as respostas mais adequadas aos comportamentos de compra e, em consequência, reorganizar os processos de forma a dar resposta a essas necessidades. Segundo a Accenture (*Accenture Interactive, 2020*), empresas centradas no B2E, cresceram muito mais rapidamente — seis vezes mais, segundo a consultora — do que aquelas que prosseguem estratégias e práticas isoladas de CX.

Ainda segundo a Accenture, a abordagem centrada na BX passa pela «criação de empresas focadas nos clientes, em que todos os seus sectores, do topo ao comercial e serviço a cliente, estejam voltados para atender às suas novas necessidades». Uma especial atenção deve ser dada aos comportamentos das gerações Y e Z e futura Alpha que preferem manter uma relação com marcas que assumam, publicamente e no seu desempenho, um *propósito* claro perante a sociedade. O mesmo estudo da consultora conclui que, a construção de uma perspectiva B2E, passa por:

- Obsessão com as necessidades dos clientes, como factor orientador da tomada de decisão.
- Experiência de inovação como factor crítico e hábito quotidiano da empresa.
- Alargamento da preocupação com a experiência a toda a organização.

3.8. FÁBRICAS INTELIGENTES

Os processos operativos das fábricas são também optimizáveis, pela IoT, utilizando sensores, algoritmos, processamento automático e conectividade entre os diversos componentes da máquina produtiva. Estes componentes estão interligados, através da internet, constituindo um sistema flexível, auto-adaptável e customizável, permitindo soluções de gestão dos equipamentos e personalização na oferta, em tempo real, soluções impossíveis anteriormente. Consequentemente, estes novos processos produtivos melhoram a eficiência, com mais qualidade e segurança.

3.9. CIDADES INTELIGENTES

O 6G vai também impulsionar o desenvolvimento das cidades inteligentes, por exemplo, na gestão do tráfego, nos transportes públicos e sinalização urbana e nos automóveis autónomos. Já hoje, sensores do ambiente, GPS, câmaras fotográficas e outros dispositivos conectados através da internet têm vindo a ser usados na criação de cidades inteligentes.

As cidades podem utilizar estes dados para gerir diversos fluxos com o objectivo de melhorar as condições ambientais, na distribuição de energia, no fornecimento de água, na melhoria da circulação automóvel, na gestão da sinalização e, em geral, para o bem-estar dos cidadãos. Estas novas tecnologias constituem uma importante contribuição para uma política ambiental e de sustentabilidade.

Além dos actuais sistemas centralizados, é possível através da computação local — *edge computing* — efectuar aqueles controlos de forma descentralizada, de forma reduzir os custos operativos e aumentar a sua rapidez. Para colmatar riscos de segurança da informação e das transacções, a tecnologia da *blockchain* pode obviar a esses problemas.

O Projecto Europeu *Class* (2020) criou uma arquitectura de *software* que sustenta a análise em tempo real de *Big Data*, de um ecossistema *edge* e *cloud*, que se destina a facilitar o desenvolvimento de aplicações para que as futuras cidades inteligentes possam ser mais sustentáveis, eficientes e com mobilidade segura. O projecto *Class* integra tecnologias como a IoT, *edge computing*, *cloud*, computação de alto rendimento e comunicações móveis.

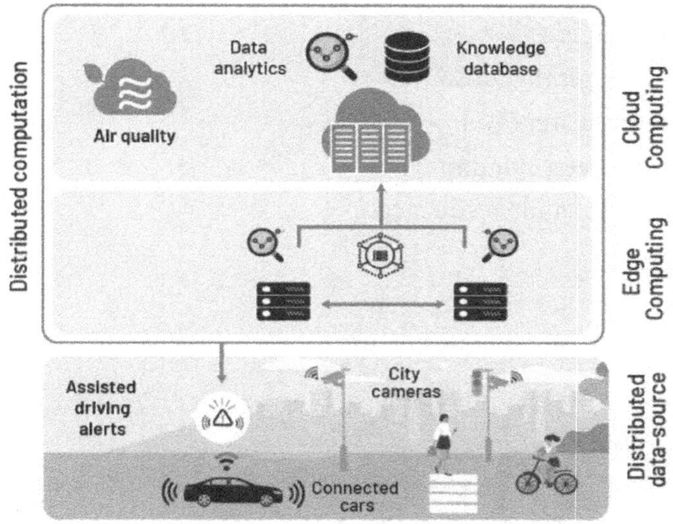

Fonte: class-project.eu.

Uma cidade inteligente é aquela que encara os desafios da crescente urbanização usando e integrando automaticamente a informação e as tecnologias de comunicação com o objectivo de optimizar todas as operações da cidade, numa óptica sustentável e de melhor qualidade para os seus cidadãos. Um exemplo: numa cidade inteligente, as câmaras de trânsito podem captar acidentes em tempo real, os sistemas de IA podem automaticamente desencadear os serviços de emergência, permitindo uma resposta rápida de socorro. Simultaneamente, esta informação alimenta sistemas inteligentes que alteram as condições de circulação, se necessário. Podem mesmo prever a possibilidade de novos acidentes e dar informações relevantes para o planeamento da cidade, em tempo real. A infra-estrutura de uma cidade inteligente envolve todas as operações básicas da mesma:

- Fornecimento de água e luz.
- Serviços sanitários como a gestão do lixo e a sua reciclagem.
- Mobilidade urbana eficiente.
- Estradas inteligentes e transporte público.
- Casas a preços acessíveis.

- Internet rápida.
- Serviços digitalizados.
- Ambiente sustentável.
- Segurança aos cidadãos.
- Serviços de saúde e educação.

Componentes de uma cidade inteligente

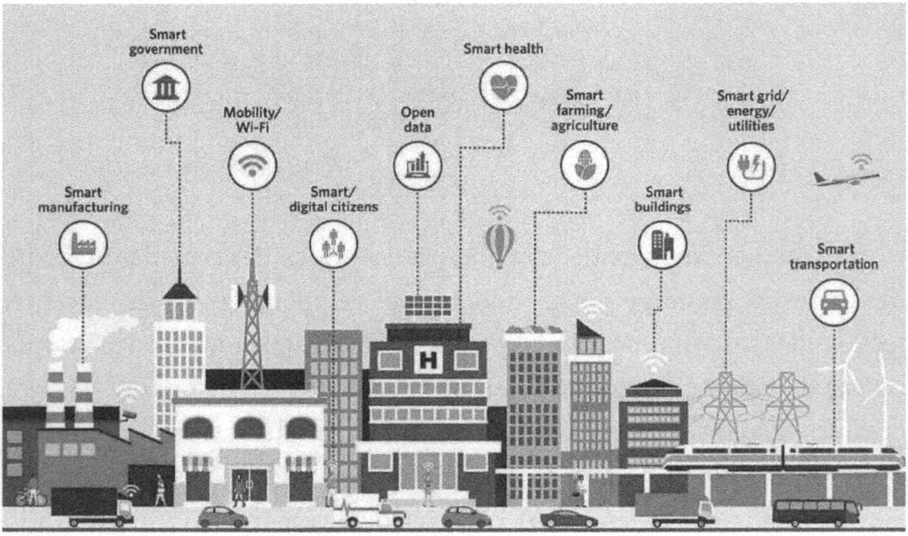

Fonte: TechTarget.

COMPONENTES DE UMA CIDADE INTELIGENTE

IoT

A *Internet-of-Things* permite transformar objectos em equipamentos inteligentes, isto é, devidamente conectados através de sensores com a internet. Etiquetas RFID apensas a encomendas permitem rastrear cargas; sistemas GPS ajudam os condutores a chegarem aos seus destinos; a iluminação das ruas é reduzida quando não se encontra ninguém junto a elas; termostatos ligam e desligam aparelhos de ar condicionado quando salas não estão ocupadas.

Redes de comunicação

As redes de comunicação constituem a infra-estrutura mais importante das conexões, tanto para a regulação dos sistemas a gerir como para a utilização livre das pessoas que circulam nas ruas da cidade.

Plataformas de dados

As tecnologias inteligentes baseiam-se na utilização da *Big ata*. Estes dados são gerados pelos sistemas públicos de trânsito, energia, ruído, padrões meteorológicos, incidentes na via pública e múltiplos outros aspectos da vida quotidiana das cidades. Todos estes dados têm de ser colectados e analisados em diversas plataformas técnicas que trabalham abertamente num ecossistema em que participam entidades públicas e privadas dos mais variados sectores.

As primeiras soluções deste âmbito começam a desempenhar um papel acentuadamente transformador nas cidades, em particular nos sistemas de mobilidade, como a Uber, sistemas de partilha de veículos, como a Bable ou a portuguesa Boleia.net, ou nas diversas empresas que disponibilizam outras soluções de mobilidade — bicicletas, *scooters*, trotinetes como a Bolt ou, uma vez mais, a Uber.

Blockchain

A tecnologia da *blockchain* permite a troca de dados de forma segura, fiável e transparente, sem necessidade de nenhuma outra entidade centralizadora. Por exemplo, a Smart Dubai está a desenvolver diversas aplicações assentes na *blockchain* em diversos sectores como o financeiro, os transportes ou a educação.

API

As interfaces de programação de aplicações (API) constituem um elemento importante no desenvolvimento das cidades inteligentes. Estas permitem aos utilizadores a conexão directa com os dados que desejem sem a necessidade constante de terem de os procurar.

CIDADES INTELIGENTES LÍDERES

A IMD Business School publicou, em 2020, um *ranking* das cidades com projectos de cidade inteligente, no qual Singapura ocupa o primeiro lugar.

City	Smart City Rank 2020	Change	Smart City Rating 2020	Smart City Rank 2019	Smart City Rating 2019
Singapore	1	— (0)	AAA	1	AAA
Helsinki	2	▲ (+6)	AA	8	A
Zurich	3	▼ (-1)	AA	2	AAA
Auckland	4	▲ (+2)	AA	6	A
Oslo	5	▼ (-2)	AA	3	AA
Copenhagen	6	▼ (-1)	AA	5	AA
Geneva	7	▼ (-3)	AA	4	AA
Taipei City	8	▼ (-1)	A	7	A
Amsterdam	9	▲ (+2)	A	11	A
New York	10	▲ (+28)	A	38	BBB
Munich	11	new	A		
Washington D.C.	12	▲ (+19)	A	31	BBB
Dusseldorf	13	▼ (-3)	A	10	A
Brisbane	14	▲ (+13)	A	27	BBB
London	15	▲ (+5)	A	20	BBB
Stockholm	16	▲ (+9)	A	25	BBB
Manchester	17	new	A		
Sydney	18	▼ (-4)	A	14	A
Vancouver	19	▼ (-6)	A	13	A
Melbourne	20	▲ (+4)	A	24	BBB

Fonte: Smart City Index 2020, IMD Business School.

Esta ordenação foi feita através da percepção dos habitantes relativamente às estruturas e tecnologia usadas nas mesmas, com base em cinco pilares: saúde e segurança, mobilidade, actividades, oportunidades e governança.

Singapura – Transformar Singapura através da tecnologia

O governo de Singapura lançou, em 2014, a iniciativa *Smart Nation* com o objectivo de incrementar a adopção generalizada das tecnologias digitais inteligentes ao longo do território.

O projecto cobre diversos aspectos como a área da cidade inteligente, vida, mobilidade inteligente, identidade digital, pagamentos electrónicos, indústria, ecossistema empresarial e de *start-ups*, ciber-segurança, inclusão digital.

Fonte: Smart Nation Singapore.

Dubai

Também o Dubai tem vindo a desenvolver diversas iniciativas desta natureza. Desde 2015, surgiram projectos como a *Dubai Data Initiative*, o *Dubai Blockchain Strategy*, *a Happiness Agenda*, o *Dubai AI Roadmap* ou a *Dubai Paperless Strategy*.

Estão, inclusivamente, a construir uma cidade inteligente de raiz, *New Songdo Cityin*, com preocupações de sustentabilidade e projectos residenciais inovadores. Esta cidade está a ser construída de forma amigável para os cidadãos com 40% de espaços verdes e um desenho urbano facilitador da vida activa nas ruas.

Fonte: Kpf.com.

Arábia Saudita

A Arábia Saudita está a desenvolver o projecto Neom, cuja primeira fase está programada para 2025 e que envolve, igualmente, a criação de uma cidade inteligente desde as fundações.

A cidade, com uma área de 26 500km², localizada num local onde o deserto se cruza com o mar, terá as mais modernas tecnologias — do presente e do futuro — instaladas numa óptica de serviço ao ser humano.

Segundo o projecto, Neom é uma visão de como o futuro poderá ser: «É uma tentativa de fazer algo que nunca foi feito, numa altura em que o mundo necessita de novas formas de pensar e novas soluções. Neom será um destino, um lar, para quem pensa grande, querendo ser parte da construção de um novo modelo de vida sustentável, de formas de trabalhar e prosperar».

Fonte: neom.com

"O projecto NEOM consiste na construção de uma cidade inteligente. Trata-se de construir a primeira cidade cognitiva, onde a tecnologia de ponta será alimentada por dados e inteligência, na interacção com a respectiva população".

Joseph Bradley, NEOM Technology & Digital CEO

Outras cidades, como Nova Iorque, dispõem, igualmente, de planos globais para a transformação dos seus espaços em cidades inteligentes. As cidades que se tornarem inteligentes, com sistemas de mobilidade autónomos, serão mais verdes, mais sustentáveis e com melhor habitabilidade e qualidade de vida.

3.10. MARKETING CONTEXTUAL

O marketing contextual traduz-se na disponibilização da solução e de conteúdos de marketing adequados — publicações de blogues, ofertas, *e-mails*, anúncios — e mais convenientes, de forma automática, num dado momento em que um potencial cliente procura algo. De alguma forma, simplificadamente, trata-se de entregar o conteúdo certo, às pessoas certas, no momento certo.

As técnicas de marketing contextual são objecto de utilização nas várias fases da jornada do cliente. Podem ajustar-se-lhes as medidas aos interesses do momento, face aos comportamentos demonstrados, ao longo do funil de marketing e não necessariamente pela análise do perfil estrutural do cliente. Uma solução simples, e já utilizada pelo marketing digital, nomeadamente pelo Google Adwords, é a colocação de anúncios de produtos alimentares em páginas de receitas num *website*.

A publicidade contextual requer a análise de categorias de palavras-chave, em vez de simples sinónimos. Esta pressupõe, para ser mais eficaz, o conhecimento profundo das necessidades sociais, financeiras e emocionais do comprador. O marketing contextual funciona de forma diferente quando comparado com as clássicas campanhas publicitárias. Neste caso, o alvo é determinado pelo contexto, quando o potencial cliente demonstra algum tipo de interesse.

A publicidade contextual é ainda diferente da tradicional por poder não estar a promover um produto único, mas vários que possam estar relacionados com aquele que a pessoa está a procurar. Por exemplo, se a pessoa está a procurar uma dada música, poderão ser-lhe apresentados uns *headphones*.

Estas técnicas são potencialmente mais eficazes do que a publicidade tradicional, pois vão ao encontro do interesse das pessoas em dado momento, logo, evitam o desperdício de recursos financeiros, em comparação com uma campanha tradicional dirigida a um alvo específico.

Os tipos mais comuns de marketing contextual são: SEM, *Search Engine Marketing (pay-per-click)* e o SEO, *Search Engine Optimization, Display Advertising* (anúncios apresentados em certos *websites* e que têm como alvos audiências específicas), *Social Media Marketing, Mobile Advertising, Targeted Advertising* (anúncios apresentados a certas pessoas com base nos hábitos de *browsing*).

As vantagens do marketing contextual, para além da maior eficácia de afectação orçamental, traduzem-se em facilitar a conversão e aumento da retenção de clientes. Um único aspecto eventualmente negativo na utilização destas técnicas será a potencial invasão de privacidade, a qual poderá não ser confortável para a pessoa.

Exemplo

Se uma pessoa visita a página de uma dada empresa no LinkedIn, surge um anúncio que incentiva a pessoa, em função do seu perfil, a procurar eventuais cargos na empresa que se adequem ao seu perfil.

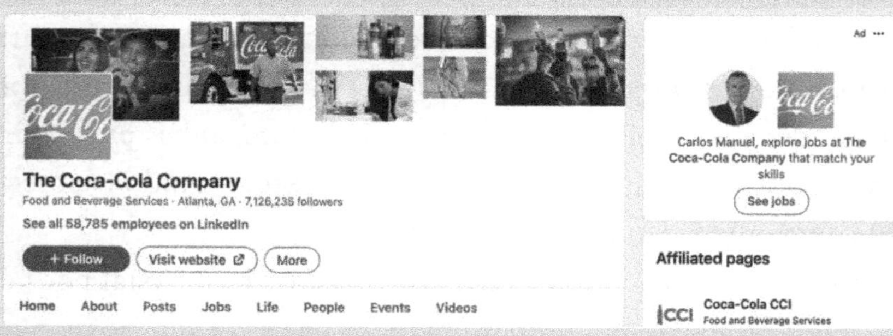

O LinkedIn apresenta igualmente uma lista de ofertas de emprego de empresas que procurem um perfil semelhante ao daquele que está a consultar a rede social.

3.11. MARKETING SENSORIAL

O marketing sensorial tem o objectivo de criar ou reforçar os vínculos das marcas com as pessoas através do estímulo dos cinco sentidos humanos (visão, olfacto, paladar, tacto e audição). A utilização de técnicas que afectem um ou mais dos sentidos permite criar ambientes memoráveis e mais facilmente recordáveis, para que se queira repetir a experiência.

Em 1890, a marca de sabonete Pear's foi a primeira a usar a publicidade visual para se promover junto do mercado.

COR

A cor é usada para expressar certos sentimentos, como exemplo, a paixão e a emoção (cor vermelha), enquanto o azul expressa tranquilidade, credibilidade, harmonia. No processo de construção, as marcas escolhem e adoptam determinadas cores, consoante a sua identidade, em coerência com o posicionamento pretendido e imagem que querem ter (Oliveira, 2019).

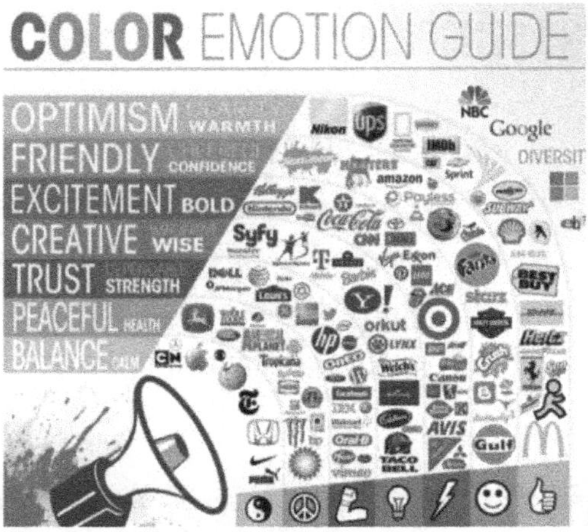

Fonte: Huffington Post.

VISÃO

A visão é um sentido muito forte para a recordação e reconhecimento de uma marca. Esta começa por ter de definir a sua identidade visual, de forma a ser facilmente reconhecível, na área de actividade e segmentos a que se dirige.

Pensemos nos casos da McDonald's, da Starbucks ou da Coca-Cola, marcas com imagens suficientemente distintivas e que permitem esse reconhecimento, quer pelo logotipo ou pela decoração dos estabelecimentos, no caso dos primeiros dois. Também nos supermercados a colocação dos *stands* de exposição e dos produtos é criteriosamente pensada de forma a impactar visualmente os clientes.

OLFACTO

O olfacto é um dos sentidos mais poderosos para a construção da personalidade sensorial da marca em virtude de ser um dos que tem poder mais forte na memorização. No caso particular de empresas alimentares, o cheiro prevalecente no estabelecimento assume um papel muito importante. Mas também noutros sectores como, por exemplo, o vestuário é possível utilizar determinados aromas para criar um ambiente agradável e de mais fácil memorização — são disso exemplo as lojas Massimo Dutti.

As experiências efectuadas até ao momento revelam que o olfacto produz os mais fortes níveis de memorização, superiores a qualquer outro sentido, como por exemplo, conclui Martin Lindstrom, em Brand Sense, 2005. Um estudo da Nike revelou que o cheiro aumentava o desejo de compra em 84% dos produtos, e que as pessoas estariam dispostas a pagar um preço mais elevado em ambientes com aromas agradáveis.

PALADAR

O impacto no paladar pode ser desencadeado não só no comércio alimentar, mas também noutros sectores. Exemplificando: a oferta de uma bebida, de um café, numa loja ajuda a tornar a experiência de compra mais agradável.

TACTO

A exploração da experiência táctil está presente em diversas situações como, por exemplo, a Apple, que concebe todos os seus produtos sem arestas. No geral, todos os elementos que possam ser objecto de toque por parte dos clientes são pormenorizadamente estudados antes do seu lançamento no mercado.

O tacto é também particularmente importante no que respeita a tecidos e vestuário, visto tratarem-se de produtos de contacto com a pele humana, logo, mais sensíveis ao toque.

AUDIÇÃO

Este sentido é também bastante explorado, quer em *jingles* de anúncios, quer em música ambiente em diversos locais onde circulam ou permanecem pessoas durante um certo tempo (lojas, salas de espera). No caso de um local com um público de um segmento específico, naturalmente, há que seleccionar bandas sonoras mais de acordo com os gostos desse segmento.

Existe uma ligação *evide*nte entre o marketing sensorial e o neuro-marketing. Enquanto este último tenta perceber padrões comportamentais a partir de análises neurológicas, identificando as áreas do cérebro responsáveis pela emoção e pela decisão, e como a pessoa pode ser mais impactada por um determinado cheiro ou cor, o marketing sensorial procura formas de desencadear a emoção e a decisão de compra através do impacto nos diversos sentidos.

Lacoste

A Lacoste utiliza meios de marketing sensorial através da música. A marca seleccionou determinadas faixas de música que, em seu entender, tinham maior coerência com a identidade da marca e história da empresa.

Dunkin'Donuts

A Dunkin'Donuts montou, em diversos autocarros em Seoul, um dispensador de aroma com o cheiro do seu café. Cada vez que o anúncio da marca era emitido no rádio do autocarro, era libertado esse aroma.

Fonte: cnf.br.

Levi's

A Levi's criou uma *playlist* exclusiva para a marca, atendendo ao seu estilo intemporal, que tem cativado diversas gerações. Essa *playlist* combina, assim, estilos diferentes que tentam expressar essa intemporalidade.

Qualquer decisão sobre a utilização de meios de marketing sensorial tem de atender a alguns aspectos, como: os valores da marca, o tipo de oferta de produtos e o gosto generalizado dos seus clientes. O objectivo da utilização destes meios, através de uma das soluções que impactem cada um dos sentidos, é o de ajudar a identificação da marca e a criação de um ambiente agradável, que crie experiências positivas e memoráveis, através de vínculos sensoriais e emocionais, que levem as pessoas a querer ter o prazer de voltar.

3.12. MARKETING SUSTENTÁVEL

O que designo por marketing sustentável (Oliveira, 2010), que outros autores designam por marketing verde, marketing ambiental, ou eco-marketing, é uma forma estratégica de conceber e executar técnicas de marketing tendo em atenção a preservação do ambiente e a sustentabilidade. Ao assumir esta característica, o marketing deve sujeitar toda a estratégia de criação da proposta de valor, do *mix* de marketing, àquele objectivo mais global — a sustentabilidade —, incluindo aqui a centralidade no cliente e em todos os *stakeholders* do negócio. O conceito de Economia Circular assume, assim, especial relevância, desde a utilização de materiais recicláveis ou de reutilização futura a uma concepção mais limitada da embalagem ou à concepção de produtos que possam ser objecto de reparação.

A assunção clara perante o mercado deste tipo de estratégias pode também conduzir a vantagens competitivas, mesmo que temporárias, visto se registar hoje um movimento global nesse sentido.

Atendendo às preocupações dos cidadãos, estas estratégias têm também um impacto positivo na percepção da marca por parte daqueles, em especial as novas gerações dos *Millennials* e da Geração Z. Estas gerações assumem preocupações sobre o ambiente e a sociedade, tendo mais atenção aos seus hábitos de consumo de forma mais responsável.

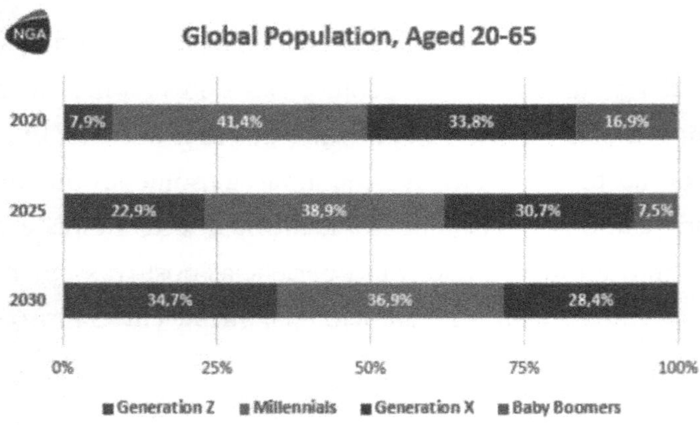

Fonte: www.linkedin.com/pulse/millennials-75-workforce-2025-ever-anita-lettink.

Assim, como muitas pessoas apreciam as marcas que expressam um propósito pela sociedade e pelo ambiente, também as suas escolhas de produto reflectem as mesmas preocupações.

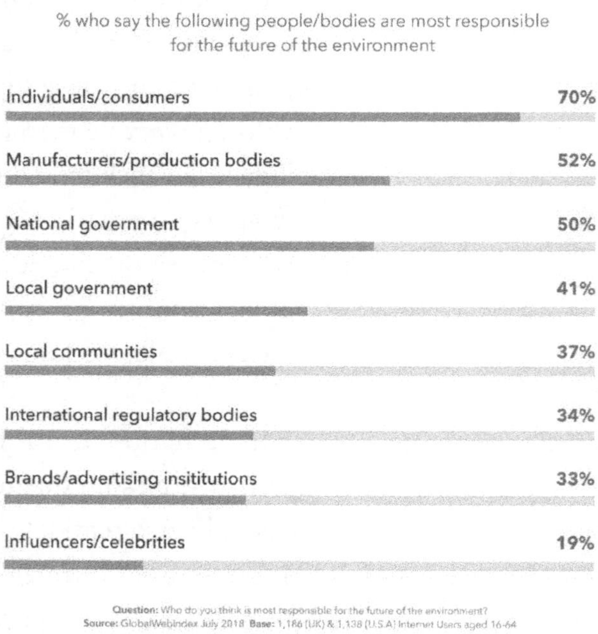

Fonte: https://blog.globalwebindex.com/chart-of-the-week/green-consumerism/.

A sustentabilidade interliga-se com outro conceito, o do *propósito*, que algumas marcas têm vindo a assumir face aos problemas emergentes na sociedade, assim como pela exigência, por parte das pessoas, de uma intervenção ética das marcas na sociedade. É exemplo disso, aquando do surgimento do movimento *Black Lives Matter*, na sequência do assassinato do afro-americano George Floyd, nos EUA, a posição assumida por algumas marcas, como a Nike, que lançou imediatamente, no momento, um *spot* publicitário ligado a esse facto — *For once, don't do it* — incentivando a tomada de consciência das pessoas quanto ao racismo.

Desta forma, é expectável que as marcas assumam uma postura ética nas suas práticas de negócio, constituindo uma força do bem para o mundo, correspondendo aos anseios dos cidadãos.

ÉTICA E SUSTENTABILIDADE

Progressivamente, com o aumento do grau de consciencialização sobre potenciais desvios e ameaças decorrentes de mau uso das tecnologias digitais, as questões de ética, privacidade, integridade e o desenvolvimento de códigos de conduta têm vindo a assumir um papel mais relevante. Neste sentido, a próxima década verá mais fortemente o caminho no sentido do referido *Humantech*, isto é, da conectividade centrada e ao serviço do ser humano.

Sendo que as marcas vão dispondo, cada vez mais, de dados pessoais e transaccionais dos seus clientes, há que assegurar que tenham de prestar contas sobre como os utilizam, de forma que as pessoas acreditem que essas informações são colectadas para as servir melhor e, assim, abracem a conectividade de forma segura.

Sustentabilidade no Metaverso

O Tezos — uma rede *blockchain* baseada em *smart contracts* — é uma rede eficiente, mais amiga do ambiente, porque menos utilizadora de energia, na qual as diversas plataformas podem desenvolver aplicações, jogos e NFT com menor pegada ecológica.

A Gucci aceita pagamentos numa solução cripto sustentável construída no *XRP Ledger*, uma plataforma de código aberto com baixo consumo de energia, sendo uma das mais sustentáveis elaboradas por *blockchain*. A marca criou, também, uma colecção digital de NFT neutra em carbono com a empresa Superplastic.

De acordo com o *Global Footprint Network*, a humanidade continua a desperdiçar recursos 1,75 vezes mais rápido do que a capacidade de regeneração dos ecossistemas. Como faltam apenas dez anos para se atingir a meta de contenção do aquecimento global — um aumento de 1,5 °C em relação ao período pré-industrial —, esta década é essencial para que os processos de sustentabilidade e consciência ecológica se tornem uma realidade, sob pena de desastre global. Diversos relatórios apontam para uma imperiosa redução das emanações de dióxido de carbono e a emissão de gases de estufa para evitar o irreversível desastre no clima e no ambiente.

As tecnologias inteligentes assumem, nesta situação, um papel cada vez mais relevante. Os novos desenvolvimentos da conectividade — 5G e o futuro 6G — permitirão uma nova capacidade de inovação e de criação de soluções ambientalmente mais amigáveis, potenciando movimentos de mudança transformativa, redefinindo o propósito da sociedade e das próprias marcas.

A Unilever, por exemplo, está a estudar como poderá parecer o futuro, ao criar versões virtuais das suas fábricas usando dados transmitidos por máquinas equipadas com sensores, criando modelos digitais e avaliando as condições físicas da operação e de teste de mudanças operativas. Algoritmos avançados trabalham a informação recebida na *cloud*, sugerindo a optimização das condições operativas. Encontramos outro exemplo deste tipo de preocupação nas palavras de Vinod Kumar, CEO Vodafone Business (*The connected consumer 2030*), quando afirma:

> Temos necessidade de nos focar na reciclabilidade e no design multifuncional começando, desde logo, a equacionar o que poderá acontecer a aparelhos caídos em desuso, e começar a conceber a cadeia de produção numa óptica de economia circular.

Doconomy

A *fintech* sueca Doconomy lançou, em 2018, o primeiro cartão de crédito do mundo que monitoriza as compras na óptica das suas emissões de carbono e estabelece um limite de utilização com base no impacto que o utilizador provoca no clima.

Sendo que a digitalização contribui para a redução da pegada ecológica das actividades, ela constitui, contudo, também uma fonte de poluição. Segundo a empresa Foxintelligence, «se a Internet fosse um país, seria o sexto maior poluidor do mundo». E segundo a GreenGeeks, «a poluição causada pelos *Data Centers* terá um peso de 14% nas emissões totais de carbono, tanto como se estima que seja a posição dos EUA, em 2040».

A Universidade de Cambridge, numa recente análise, chegou também à conclusão de que a mineração das bitcoins exige mais energia do que a usada na Argentina, nos Emirados Árabes Unidos ou nos Países Baixos.

Tendo isto em atenção, algumas empresas começaram a desenhar soluções no sentido de diminuir esse impacto. Por exemplo, o estúdio de *design* de comunicação holandês Formafantasma desenha *websites* de uma forma mais sustentável.

A Tesla, ao invés, tem revelado uma postura face às cripto-moedas incoerente com a sua política de produção de automóveis menos poluentes, já que decidiu investir fortemente em *bitcoins*, cujo processo de mineração exige volumes significativos de energia, o que se traduz numa elevada pegada carbónica.

A Volkswagen redesenhou, em 2021, o seu *website* canadiano, de forma a se obter um *browsing* mais sustentável, reduzindo a quantidade de informação, usando imagens a preto e branco e caracteres mais eficientes neste campo.

Fonte: Volkswagen.

Ao mesmo tempo, com as preocupações de sustentabilidade, verifica-se um maior desenvolvimento dos mercados locais, conduzindo à redução dos custos de transporte e o seu efeito sobre a poluição ambiental.

Outro exemplo é o início do desenvolvimento de espaços urbanos de culturas agrícolas. As projecções demográficas indicam que, em 2050, 50% da população mundial viverá em cidades. O portal Urban Farming aponta que já existem mais de 66 000 famílias, em todo o mundo, que praticam culturas agrícolas urbanas.

Projecto de cultura urbana num telhado em Paris

Fonte: ciclovivo.com.br.

3.13. MARKETING BIOMÉTRICO

Os sistemas biológicos, em particular o neurológico, o genético e o hormonal têm uma responsabilidade elevada no que se refere aos comportamentos dos consumidores e à sua relação com as empresas. O biomarketing parte do princípio que é possível relacionar as interacções entre vendedores e clientes numa perspectiva biológica.

NEUROMARKETING

O neuromarketing é um conjunto de técnicas utilizadas pelo marketing, com base no estudo das reacções cerebrais emotivas e subconscientes dos indivíduos na sua relação com produtos ou serviços. Trata-se de uma técnica interdisciplinar que liga a sociologia, a psicologia, o marketing e a neurociência. Conhecendo, assim, os determinantes mais profundos do subconsciente da pessoa, permite a elaboração de estratégias mais adequadas ao cerne das motivações e interesses da mesma. A biometria é uma técnica de reconhecimento de pessoas baseada nas suas características físicas e comportamentais, únicas, como por exemplo, o *scanear* da íris do olho humano, mas também da voz ou da forma de escrever.

O marketing biométrico é um conjunto de técnicas que permite, à partida, identificar inequivocamente o cliente-alvo, através da recolha de informação de respostas fisiológicas e comportamentais, com o objectivo de tornar essa informação útil para efeitos de marketing e comercial. Exemplificando: num supermercado é possível obter informação sobre o impacto dos diversos objectos e ambiente nas alterações cardíacas reveladas por cada um, demonstrando assim o maior ou menos interesse dos clientes nos produtos que observam. Também o reconhecimento facial é um dos métodos mais utilizados e mais úteis, permitindo recolher reacções através da análise de expressões faciais.

Em termos comportamentais, muitas aplicações e *sites* — como o Instagram — conseguem detectar por quais as publicações os utilizadores se interessam mais, mostrando-lhes, em consequência, outras publicações e anúncios relacionados com os seus gostos particulares.

Neste âmbito, assumem especial relevância as limitações legais relativas à privacidade e recolha de dados.

NEUROMARKETING

O termo neuromarketing surgiu pela primeira vez em 2002, através de duas empresas de estudos de mercado americanas, a Bright House e a Sales Brain. O neuromarketing «é uma técnica usada em marketing para construir uma forte relação entre o consumidor e o produto ou serviço, focando-se nas reacções emocionais e subconscientes de um indivíduo» (Dsouza, 2022). O neuromarketing é uma área interdisciplinar que engloba conceitos de psicologia, sociologia, marketing e da neurociência comportamental. Engloba diversas técnicas que medem reflexos internos, assim como manifestações pessoais — reflexos externos —, que ajudam a melhor conhecer a essência da pessoa objecto de teste. Entre estas últimas, salientam-se a linguagem corporal, a codificação facial, o contacto visual, os arrepios e o suor.

DESIGN EMPÁTICO

Sem o conhecimento do cliente, podem ser observados comportamentos na sua rotina de utilização de um certo produto. A electroencefalografia (EEG) regista e retracta a actividade eléctrica do cérebro. Através da utilização de eléctrodos — não invasivos —, quem está a ser analisado é confrontado, por exemplo, com produtos, serviços ou *spots* publicitários com o objectivo de detectar a eventual atracção ou gosto pelos mesmos. Os neurónios e as respectivas sinapses produzidas pelo estímulo permitem detectar essas reacções.

A ressonância magnética funcional (fMRI) permite o estudo dos fluxos sanguíneos, oxigenados por entre as diversas áreas funcionais do cérebro, produzidos pelo aumento da actividade neuronal em cada dessas áreas. A comparação destes efeitos dinâmicos com a análise da situação-base, isto é, a imagem cerebral retractada antes dos estímulos, possibilita que se retirem conclusões sobre a reacção emotiva subconsciente do indivíduo.

Exemplo

Imagine-se que é mostrada a uma pessoa, num processo de fMRI, um anúncio publicitário de uma praia paradisíaca. A reacção natural é que esta visualize a imagem — reacção no occipital — e sinta uma emoção positiva — ao nível do temporal — ao receber o sinal emotivo, então avalia a situação, eventualmente o custo, o gosto que possa ter em ir a esse local — frontal — e, finalmente, nessa sequência, decide pedir mais informação, desistir ou comprar a viagem.

A verificação deste circuito é efectuada através da ressonância magnética, pela irrigação de sangue em cada uma destas zonas, revelando a intensidade e o interesse emocional da pessoa que está a fazer o teste. As técnicas de fMRI analisam o processo de decisão como o culminar de um conjunto de emoções.

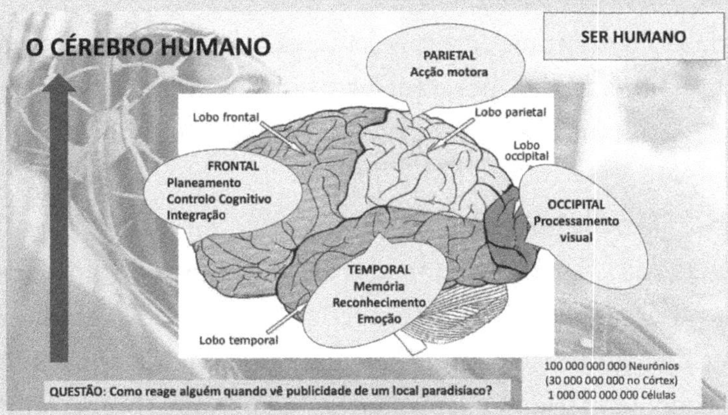

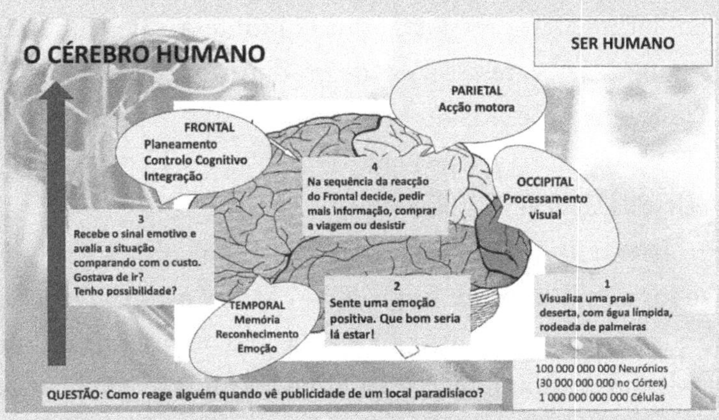

MAGNETO-ENCEFALOGRAFIA

A Magnetoencefalografia (MEG) é uma técnica não-invasiva que permite estudar a actividade cerebral. O campo magnético formado pela actividade cerebral pode ser medido pela MEG, que quantifica a intensidade espacial e temporal da actividade cerebral.

EYE TRACKING

O *eye tracking* é uma técnica que permite conhecer o foco da atenção visual do utilizador em resposta a diversos estímulos como o padrão do olhar, a atenção e alterações pupilares. O *eye tracking* mede o tempo de concentração num dado item, a frequência da observação e o comportamento das pupilas em resposta ao estímulo em causa.

PARÂMETROS CARDIOVASCULARES

A variação nos ritmos cardiovasculares, como o batimento do coração e a pressão arterial, pode ser utilizada para identificar a reacção de uma pessoa a um produto ou a uma campanha publicitária.

RESPOSTA GALVÂNICA DA PELE

Algumas emoções, como o medo, alegria, raiva, curiosidade, preocupação ou apatia, produzem reacções neurológicas traduzidas em sensações mensuráveis na superfície da pele da mão, consequência de algum estímulo externo. O neuromarketing permite diversas utilizações a partir da leitura desta resposta, tais como: testes de empatia e gosto por *spots* publicitários, testes a novos produtos, processos de decisão de compra, *design* de produtos ou *branding*.

VANTAGENS DO NEUROMARKETING

O neuromarketing pode ser utilizado para avaliar a experiência de um utilizador com um produto (NPD — *New Product Development*), tal como a sua conceptualização e o desenvolvimento de um novo. Também permite avaliar a reacção a um determinado impacto de comunicação como um anúncio, um desenho ou um logotipo.

Uma outra aplicação é o estudo da optimização na distribuição de um produto, no seu *layout*, por exemplo, ou na sua melhor apresentação na prateleira de um supermercado, relacionando-o com o estudo da deslocação e comportamento de uma pessoa num destes espaços comerciais.

O PROCESSO DE DECISÃO

Há cinco fases no processo de decisão:

1. Reconhecimento do problema.
2. Análise das opções disponíveis.
3. Decisão sobre uma opção.
4. Contemplação das implicações prováveis dessa opção.
5. Aprendizagem sobre o processo de decisão no futuro.

BRANDING

As decisões dos clientes são influenciadas pela eventual relação emocional que tenham com uma marca. As marcas preferidas geram uma maior actividade cerebral segundo os estudos de fMRI. Desta forma, estes métodos tornam-se importantes para a criação de novos produtos cujo impacto nos possíveis clientes ocorre ao nível do subconsciente.

3.14. MARKETING ÁGIL (*AGILE MARKETING*)

O marketing ágil constitui a medida de quão eficiente uma organização é a atingir determinados objectivos de marketing. Consiste em encurtar ciclos de projectos e de trabalho, através de uma abordagem incremental que conduza a melhorias e eficácia nas acções desenvolvidas. Na óptica do marketing molecular e humano, o ser humano tem de estar no foco, quer das preocupações quer da actuação das empresas, de forma a responder rapidamente às alterações de mercado e interesses dos consumidores.

Para serem ágeis, as estratégias e as práticas têm de ser flexíveis e colaborativas, numa óptica horizontal, não demasiado hierarquizada. O tema não é novo. Já em 2001, um grupo de profissionais da tecnologia lançou o *Agile Manifesto* com um conjunto de princípios que deveriam estar presentes na abordagem do mercado. Seguindo o exemplo, em 2012, um grupo de *marketers*, no evento SprintZero realizado em S. Francisco, lançou o *Agile Marketing Manifesto* em que se estabeleciam um conjunto de princípios a que o marketing, para ser ágil, deveria obedecer, a saber:

- Foco no valor do cliente e nos resultados do negócio.
- Entrega de valor ao cliente, não procurando, necessariamente, a perfeição.
- Aprender através da experiência e dos dados em vez de opiniões e convenções.
- Colaboração *cross*-funcional, em vez de silos e hierarquias.
- Resposta à mudança, em vez do seguimento de um plano estático.

Os valores do marketing ágil, segundo este manifesto, são:

1. Um marketing eficaz requer um perfeito alinhamento, transparência e qualidade das interacções com os clientes internos e externos. Conhecimento partilhado pela equipa inter-disciplinar e tomadas de decisão conjuntas.
2. Procura de diversos e diferentes pontos de vista.
3. Abraçar e responder à troca para aumentar o valor do cliente.
4. Planear unicamente ao nível suficiente para assegurar a priorização e execução. Planeamento rápido e objectivo
5. Assumir riscos e aprender com as falhas. Avaliar permanentemente o resultado das campanhas, fazendo os ajustamentos necessários sem esperar pelo fim das mesmas.
6. Organização em pequenas equipas *cross*-funcionais quando possível.

7. Construção de programas de marketing à volta de pessoas motivadas e acreditar que elas fazem bem o trabalho.
8. Sucessos de longo prazo por operar de forma sustentável.
9. O marketing ágil não é suficiente. A excelência em marketing requer a atenção contínua aos seus fundamentos.
10. Contínuo esforço pela simplicidade.

Os princípios do marketing ágil, também segundo o *Manifesto*, são:

1. Dar prioridade à satisfação do cliente com entregas rápidas e contínuas.
2. Abraçar as mudanças e responder rapidamente a elas.
3. Elaborar planos de marketing na menor escala de tempo possível.
4. Alinhar o marketing com a gestão de topo, o departamento comercial e o desenvolvimento.
5. Oferecer ambiente, apoio e confiança para manter a equipa motivada.
6. Estender o aprendido (implementar/medir/aprender) como forma principal de progresso.
7. Manter um ritmo contínuo e constante de desenvolvimento.
8. Aceitar o fracasso e a aprendizagem com ele.
9. Prestar atenção contínua aos fundamentos de marketing para aumentar a agilidade.
10. Simplificar para ter mais eficiência.

Exemplo

A Oreo e o Tide aproveitaram um momento em que as luzes do estádio se apagaram, no Superbowl de 2022. Tomando esta situação como oportunidade, estas marcas utilizaram de imediato o Twitter para promover os seus produtos de forma contundente: *«we can't get your blackout, but we can get your stains out.»*

3.15. MARKETING CONVERSACIONAL

O *conversational marketing* (CM) é uma forma de envolvimento com a audiência-alvo, em tempo real, através do diálogo, usando um *chat* ao vivo, mensagens ou *chatbots*. O objectivo do CM é o de criar relações com os clientes através da conversação, melhorando e facilitando a experiência do cliente.

Com a utilização das técnicas de CM, é possível acompanhar melhor a jornada do cliente, aumentando potencialmente as conversões. Alguns dos benefícios deste tipo de estratégia são a poupança de tempo e de custos, o maior envolvimento dos clientes, melhores tempos de resposta e captação de mais dados da relação.

Os *chatbots* complementam, positivamente, a actuação humana, em particular em tarefas repetitivas de informação, contudo, não a substituem, por não serem capazes de projectar emoções ou de resolver situações não estandardizadas. Em consequência, o método conversacional é mais eficaz, tanto para consumidores — graças à personalização e rapidez — como para os vendedores (Netflix, Uber, Amazon). Este método permite um melhor envolvimento de, por exemplo, visitantes de um *website*, potenciando a conversão e as vendas através de uma melhor compreensão das necessidades dos utilizadores, facilitando a disponibilização da informação mais relevante aos interesses momentâneos dos mesmos. Os *bots*, assim como os assistentes humanos, podem criar uma dinâmica de diálogo e troca de informação adequada, apoiando a jornada do consumidor, pela facilitação das acções mais adequadas a cada fase dessa jornada. O *conversational marketing*, disponível através de diversos canais, permite à empresa encontrar os seus clientes, quando e onde quer que estejam, utilizando as suas plataformas de comunicação no momento que o desejam. Esta forma de comunicação, através de *chatbots*, vídeos, *e-mails* personalizados e assistentes virtuais, tem a capacidade de melhorar a experiência do utilizador pela interacção e do *feedback* imediato que produz.

VOICE SEARCH

A procura por voz (*voice search)*, como a efectuada através dos assistentes virtuais *Google Assistant*, do *Cortana* da Microsoft, do *Apple Siri* ou *Amazon Alexa*, tem vindo progressivamente a ser mais utilizadas (*vide* 2.1.). Esta funcionalidade opera através de um sistema de reconhecimento que transforma a voz em texto, permitindo aos utilizadores fazer pesquisas na *net* diretamente por voz.

O sistema de procura de voz (*voice search*) funciona filtrando os sons, separando a voz principal dos sons de fundo. Em seguida, digitaliza o pedido, realiza uma análise de voz processando os dados de que dispõe o sistema, conecta as diversas fontes de dados, como o Google Search, para encontrar as respostas relevantes, traduz a informação para o utilizador, reconhecendo padrões e comparando a questão colocada com a base de dados a que tem acesso. O *voice search* é um sistema mais rápido e mais conversacional do que qualquer outro tipo de pesquisa.

A utilização da voz na procura de informação tem vindo a aumentar, em função da conveniência do utilizador e, progressivamente, tem-se constituído como um elemento importante na procura de informação sobre produtos e serviços. Assim, tornou-se importante na optimização do SEO móvel. Para além da sua importância na recolha de informação, tem vindo a assumir um papel crescente a nível do comércio electrónico, devido à maior simplicidade e conveniência. Um estudo da PwC, de 2018, revelou que 65% das pessoas entre os 25 e os 49 anos utilizam serviços de voz, pelo menos uma vez por dia.

NOVAS ÁREAS DO COMÉRCIO ELECTRÓNICO

Os desenvolvimentos da *web* têm conduzido a um novo mundo dos negócios de novas soluções de finanças descentralizadas (DeFi) — com a utilização da *blockchain*, cripto-moedas e NFT — mais rápido, transparente e seguro, eliminando intermediários, propiciando relações comerciais P2P. Por exemplo, alguns mediadores imobiliários, também em Portugal, começaram a usar cripto-moedas para as suas transacções. Algumas marcas começaram também a usar NFT, criando activos digitais dos seus produtos e novos mercados, enquanto solidificam os existentes.

3.16 GESTÃO DA MARCA NO CONTEXTO *ONLIFE*. MARCAS DESCENTRALIZADAS

A proliferação dos meios de comunicação *online* e *offline* e dos múltiplos canais de acesso e contacto dos consumidores introduz factores de maior complexidade na gestão de uma marca. Há que assegurar a total coerência em todos estes terrenos, de forma que o cliente tenha uma relação una e consistente com marca em questão.

Constituindo a marca, fundamentalmente uma percepção por parte da pessoa, qualquer inconsistência, no serviço, na comunicação ou na relação, pode gerar a desconfiança e, logo, a não adesão ou alteração da percepção em relação à mesma. A marca passa a ser o resultado — com aspectos positivos e negativos — da soma de todas as experiências que cada pessoa tem com ela, na utilização dos seus produtos, da sua comunicação, da publicidade e até através das opiniões de influenciadores, amigos ou mesmo desconhecidos.

A gestão da marca *online* e, posteriormente, no *onlife* tem como consequência que a comunicação deixa de ser unilateral, passando a funcionar nos dois sentidos. Constituindo uma oportunidade, esta é também uma ameaça, pois o cliente, a pessoa, começa a ter um poder real sobre a marca através da sua actividade *online*, por exemplo, nas redes sociais. Jonathan McDonald, empreendedor e reputado orador americano, refere-se a esta nova situação como *brand democracy*, pela possibilidade de todos se poderem expressar sobre as marcas e exercer influência sobre as mesmas.

MARCAS DESCENTRALIZADAS

As organizações autónomas descentralizadas (*decentralized autonomous organizations*, DAO) começaram a surgir no âmbito da *web* 3.0. Como o nome indica, trata-se de organizações independentes, expressas por contractos digitais, geridas pelos seus membros, sem qualquer intervenção reguladora fora da comunidade. Estas organizações comunitárias começam a estar presentes em diversos mercados, mudando a forma como as pessoas interagem *online*. A Wunderman Thompson Intelligence refere um conjunto de exemplos de organizações já lançadas neste ambiente.

DeHealth

Lançada no final de 2021, a DeHealth é uma aplicação de cuidados de saúde, baseada em IA e que corre em *mobile*, que guarda, gere e monetiza dados de saúde pessoais. Com recurso a NFT — *DeHealth Tokens* — os utilizadores podem vender os seus dados pessoais, por exemplo, a farmacêuticas ou a companhias de seguros, nesta plataforma baseada na tecnologia da *blockchain*. Esta plataforma tem a supervisão de médicos e cientistas, permitindo às pessoas aceder a Informação médica, a médicos e outros serviços.

MoviePass

Este serviço, relançado como um *marketplace* na *web* 3.0, possibilita a compra de créditos para acesso à visualização de filmes através de uma subscrição mensal. Ao verem os filmes, os utilizadores podem ganhar novos créditos para utilização na plataforma. Segundo o seu CEO, Stacy Spikes, este é um formato de transacção entre espectadores e a marca.

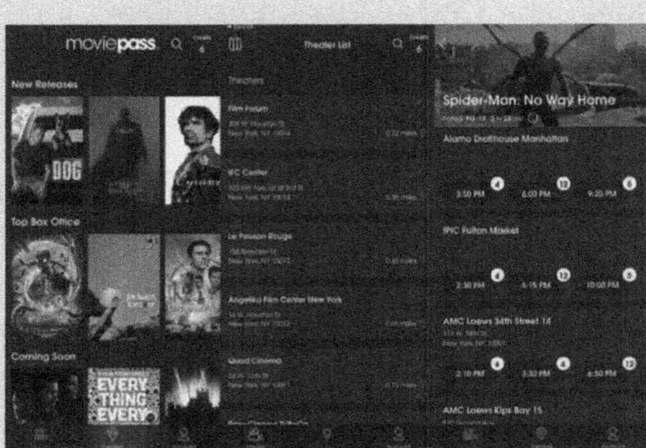

Fonte: Wunderman Thompson Intelligence, Abril 2022.

3.17. MARKETING DE INFLUÊNCIA

O marketing de influência processa-se através de certos elementos — influenciadores — para ampliar o efeito da marca no mercado. Estes podem ser celebridades do YouTube, Instagram, TikTok ou noutra rede social com muitos seguidores e que ajudam as marcas a atingir alvos que possam fazer sentido para elas.

Os influenciadores começaram por ser figuras públicas ou embaixadores das marcas, porém a maioria são pessoas antes desconhecidas que construíram as suas audiências, ao longo do tempo, devido a qualquer factor de empatia. A escolha dos influenciadores pressupõe a personificação, por parte daqueles, dos valores e características das marcas, acabando por se confundir, no seu quotidiano, com a vida da própria marca.

A importância assumida pelos influenciadores é marcante devido à credibilidade que têm junto dos seus contactos, criando por vezes uma verdadeira tribo empática com os seus gostos e estilo de vida, tornando-os verdadeiros embaixadores das. marcas.

51% dos *marketers* afirmam que o marketing de influência os ajuda a conquistar melhores clientes. (Essential influencer marketing facts for 2020, *Smart Insights*, Jan. 2020).

As marcas estão, cada vez mais, a utilizar micro-influenciadores que, embora não tenham audiências tão vastas, têm um alvo específico mais definido e concentrado que pode ser coincidente com os alvos dessas marcas. A escolha, por parte das marcas, tem de ser bastante criteriosa para evitar dissonâncias e comportamentos não desejados. Critérios como a qualidade dos conteúdos publicados, a audiência atingida ou o grau de envolvimento dos seguidores devem ser tidos em consideração.

À medida que os consumidores aumentam a desconfiança sobre as mensagens unilaterais das marcas, os influenciadores constituem um elemento relevante para o aumento de confiança junto do mercado e dos seus alvos.

Segundo um estudo da InfluenceKit, *60 Influencer Marketing Statistics for 2022*, cerca de 40% dos compradores dão credibilidade às opiniões dos influenciadores; 90% acreditam que o marketing de influência é um meio eficaz de marketing.

Adidas

A Adidas utilizou as redes sociais, nomeadamente o Instagram, para atingir camadas mais jovens da população, visto que esta rede alcança maioritariamente um leque mais jovem de aderentes (70% com menos de 35 anos).

A marca colaborou com diversos influenciadores, como Selena Gomez, e desenhou uma bem-sucedida campanha na rede social.

Paralelamente aos influenciadores do mundo real, têm vindo a ser criadas personagens virtuais, como os casos de Lil Miquela (americana) e Shudu (inglesa). Estas são modelos virtuais, gerados por computador, que assumem um dado estilo de vida e acabam por ser procuradas por marcas que, por essa via, procuram alcançar as audiências que se identificam com os seus valores.

Lil Miquela

Shudu

Fonte: Instagram.

Lil Miquela, desde 2016, lidera audiências, tendo mais de 1,6 milhões de seguidores. Nas fotos publicadas no Instagram, surge com roupas e acessórios das marcas Prada, Chanel e Vans. Lil lançou o *single Not Mine* que se tornou viral no Spotify. Usa a rede social para apoiar causas sociais, como o movimento Black Lives Matter (campanha em resposta a episódios de violência policial contra negros nos EUA) e a organização Black Girls Code, que oferece aulas de computação e robótica para jovens negras.

O grau de popularidade destes influenciadores digitais aumenta quanto maior a semelhança que possam ter com seres humanos o que, de alguma forma, acentua ainda a preferência que as audiências têm pela humanidade das relações. Esta popularidade reflecte o comportamento de uma geração capaz de se envolver emocionalmente com o irreal — atenuando a diferença entre mundos, real e virtual — procurando, eventualmente, novas formas de verdade e significado, podendo até questionar a própria natureza da realidade — questão, aliás, que também se pode colocar no domínio do metaverso.

Os influenciadores digitais trouxeram um elevado potencial para as marcas, quer no domínio do envolvimento com as pessoas, quer pela possibilidade de controlo sobre os comportamentos das mesmas, evitando a impressionabilidade dos influenciadores humanos.

3.18. A ECONOMIA DOS CRIADORES

> A Economia dos Criadores refere-se a uma comunidade de criadores independentes (*bloggers*, *YouTubers*, influenciadores), e curadores de conteúdos, que prosseguem a sua paixão, constroem em sequência e monetizam as suas capacidades.
>
> Joydeep Bhattacharya, *Single Grain website.*

Os criadores a que Joydeep Bhattacharya se refere assumem o papel de influenciadores devido a muitas pessoas preferirem um contacto directo com outros para recolha de opiniões ou mesmo para fazer compras. As marcas devem estar atentas a este desenvolvimento de forma a poderem usufruir da intervenção daqueles.

Twitter, Facebook, Instagram, Pinterest e TikTok são das plataformas mais populares onde actuam os criadores. A importância destas é tal que, por exemplo, o TikTok, lançou um fundo para premiar os melhores criadores da sua plataforma.

3.19. NOVAS FORMAS DE COMUNICAÇÃO E ENVOLVIMENTO

Não obstante as novas formas de comunicação serem mais personalizadas e assertivas, alguns erros continuam a ser cometidos no *online*, criando muitas situações de *spam* como, por exemplo, os anúncios introduzidos a meio dos vídeos no YouTube ou os excessivos *pop-ups*. Daqui decorre que muitos dos conteúdos anunciados *online* acabam por não ser vistos, conduzindo a graus de eficácia baixos.

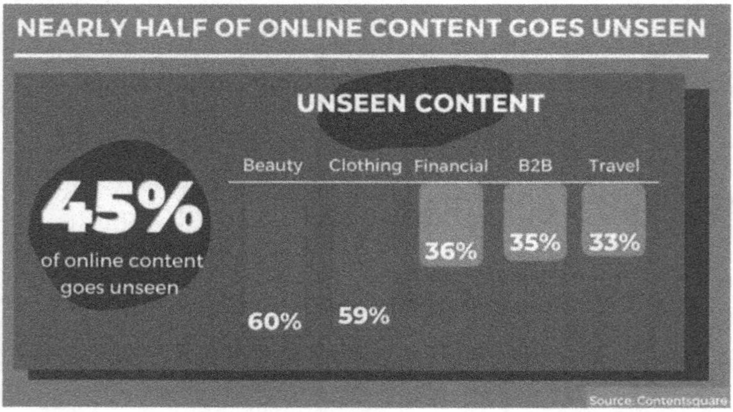

Fonte: *Contentsquare.*

A comunicação com os clientes e potenciais clientes terá que incluir o seu maior envolvimento na concepção dos conteúdos. Uma perspectiva H2H pressupõe a construção conjunta dessas mensagens (história, experiência, criatividade, emoção, partilha) de uma forma participada e molecular (do *storytelling* ao *storybuilding*). Qualquer que seja o tipo de comunicação, ela deve assumir um *propósito* activista — ambiental ou social —, pressupor a actuação em comunidades, procurar alianças com influenciadores, ser contextualizada, personalizada e envolvente.

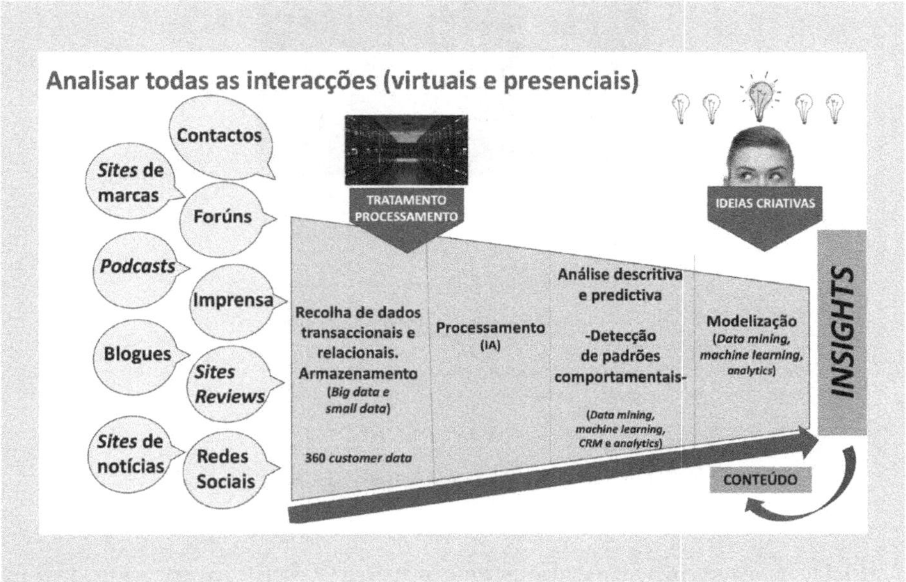

USER-GENERATED CONTENT (UGC)

As campanhas eventualmente geradas pelos utilizadores têm a vantagem de expressar mais fielmente os interesses das pessoas e, por isso, terem um grau potencial de envolvimento e eficácia superior. O *user-generated content* é qualquer conteúdo, de texto, imagem, vídeo, comentários, testemunhos ou publicações, criado pelas pessoas — clientes, colaboradores, criadores — e não pelas empresas.

Este tipo de conteúdos tem a vantagem de representar autenticidade e revelar como as pessoas e a actuação das empresas e das marcas, reflectindo o que pensam sobre elas, e também a expressão directa dos seus interesses. Trata-se, pois, do transporte da noção de boca a boca para as plataformas digitais com a vantagem do seu imediatismo, o que permite actuações mais rápidas por parte das empresas.

Exemplo de uma publicação de um fã da marca Canon na Austrália.

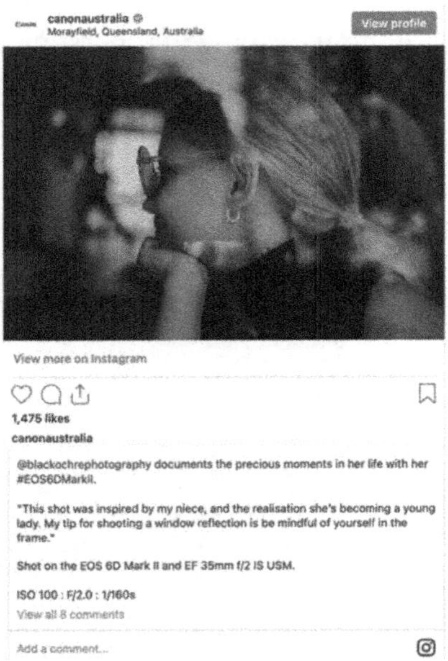

Fonte: Instagram Canon Austrália.

O UGC possibilita estabelecer comunidades de interesse e desenvolver a fidelização à marca, aumentando a confiança e a conversão, influenciando as decisões de compra em particular nas fases finais da jornada. Devido a estas características, torna-se um meio eficaz e de custo reduzido.

BRAIN INTERFACE ADVERTISING

Algumas empresas estão a desenvolver soluções com o objectivo de conectar o cérebro humano a dispositivos electrónicos e computadores, é o caso da Neuralink. Esta empresa tem como seu primeiro objectivo compensar limitações do cérebro decorridas de acidentes como AVC, doenças de Alzheimer e outras. Desde o momento em que os dispositivos desenvolvidos estejam instalados no córtex cerebral, será possível não só receber os impulsos cerebrais em equipamentos electrónicos, mas também emitir impulsos para o mesmo.

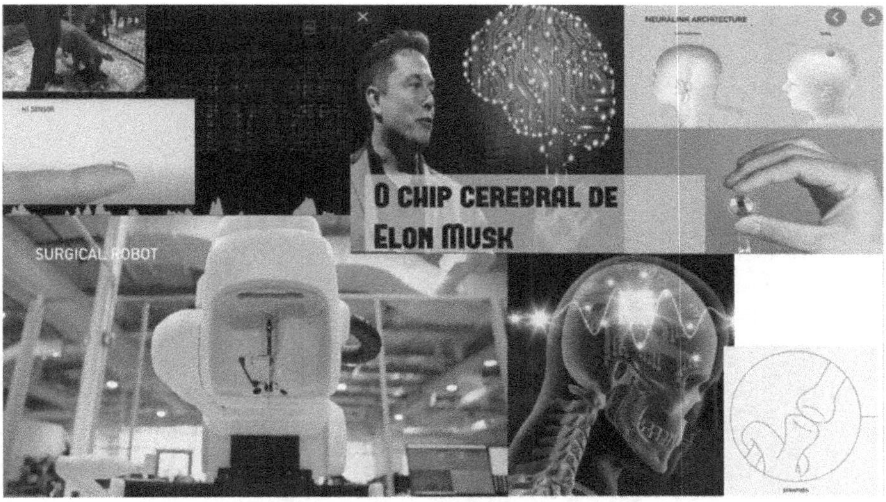

Fonte: Neuralink.

Será, então, possível emitir mensagens promocionais para o cérebro humano.

Diversas limitações de ordem ética e de privacidade se levantam, constituindo um campo de futuros debates e, certamente, regulamentações.

VIDEO MARKETING

O *live video* é bastante mais popular do que o vídeo pré-gravado. Segundo o Social Media Today, as pessoas dispendem do triplo do tempo a vê-lo do que a um vídeo já gravado. É uma ferramenta para dar a conhecer os produtos das empresas, por isso, as marcas devem integrar conteúdos de vídeo nas demonstrações de produtos, *webinars* e eventos ao vivo, para estarem alinhadas com as expectativas das pessoas.

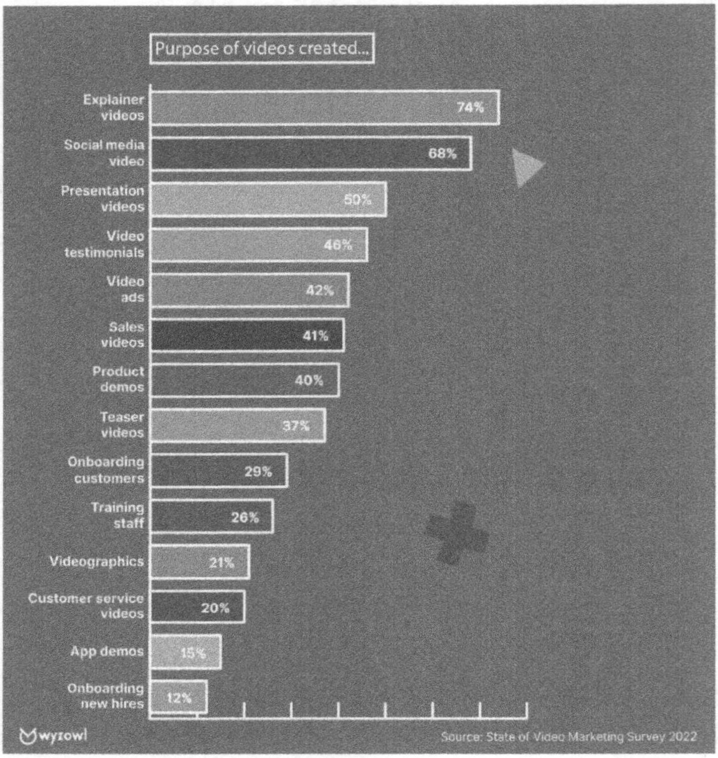

Fonte: https://blog.hubspot.com/*marketing*/state-of-*video-marketing*-new-data.

A emissão em directo introduz um factor de maior envolvimento, visto que a audiência sente que, de alguma forma, está a fazer parte da situação e que tem a capacidade de intervir no tema exposto. Algumas marcas estão presentes desta forma no Facebook ou no Instagram. Actualmente, a maioria utiliza o *video marketing* para comunicar com os seus alvos. É comum a sua utilização no YouTube, em *broadcasts* no Instagram, LinkedIn ou Facebook.

LIVE STREAMING

Os conteúdos disseminados através de vídeo vão assumindo um papel de relevo nas redes sociais, particularmente através de *live streaming*. O Instagram lançou recentemente as *live rooms*, que permitem ao utilizador fazer uma sessão com até três pessoas.

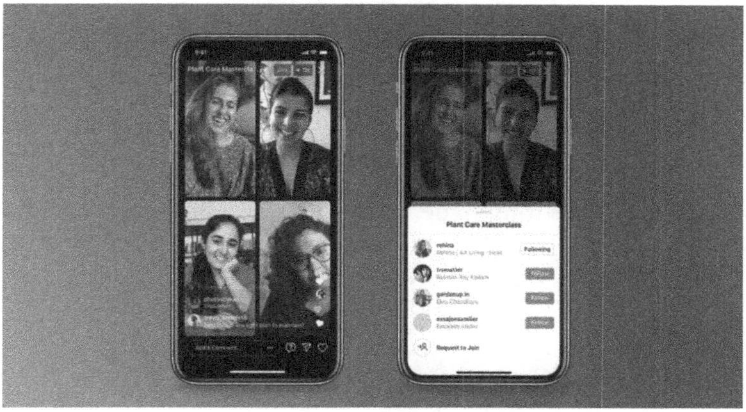

Fonte: Instagram.

O YouTube oferece, neste campo, o serviço *Live*, enquanto o Facebook tem um serviço com o mesmo nome.

TWITCH

A Amazon tem o serviço *Twitch* com, segundo a empresa, 30 milhões de utilizadores activos diariamente. Este começou por estar focado na comunidade do *gaming*, mas alargou a sua actividade a áreas como a pintura, a música e a culinária. Algumas empresas têm vindo a usar o Twitch nas suas estratégias de influenciadores.

PODCASTS

Os anúncios em *podcasts* podem ser mais eficazes do que nalguns outros meios, porque, ao ouvir um *podcast*, a pessoa provavelmente terá desenvolvido algum sentimento de proximidade ou intimidade com quem o está a difundir, pelo que um anúncio poderá mais facilmente ser interpretado como uma recomendação de alguém próximo. Por outro lado, não é possível, num podcast utilizar *adblocks*, logo, para continuar a audição, o utilizador tem de ouvir o anúncio que nele esteja contido.

À semelhança de outros meios, a publicidade no *podcast* não deve ser a comunicação unilateral de algum produto. Certamente mais eficaz será a capacidade que a marca tenha de criar um envolvimento com a audiência através de uma qualquer história a contar que possa ser interessante e relevante para ela. No sentido de tornar o meio mais eficaz, há que assegurar que é colocada uma *call to action* em cada transmissão com o objectivo de transformar a mensagem divulgada em acção da parte do ouvinte — de forma a fazer a conversão desejada, de *lead* a cliente.

NATIVE ADVERTISING

A publicidade nativa é um conjunto de técnicas digitais em que anúncios são colocados em páginas de consulta dos utilizadores, sendo que esses anúncios, de alguma forma, se confundem com os conteúdos das páginas por se relacionarem com os temas consultados (*vide*, com mais detalhe, Oliveira, 2020).

IOT ADVERTISING

A Johnnie Walker tem uma garrafa Blue Label com sensores internos electrónicos com comunicação IoT que informam se a garrafa já foi aberta e utilizada. A questão que se coloca na utilização da IoT como meio de publicidade é a privacidade, devido à possibilidade de captação de dados pessoais na utilização dos aparelhos domésticos.

PUBLICIDADE PROGRAMÁTICA

A publicidade programática refere-se à utilização de tecnologias automatizadas na compra de espaço publicitário. O processo de publicidade programática socorre-se da dados e de *insights* anteriores, além de algoritmos, para colocar anúncios no alvo certo, num dado momento e a um dado preço.

Os *marketers* e os publicitários fornecem os conteúdos, os objectivos da campanha, o orçamento e outros factores demográficos ou geográficos, sendo que o sistema optimiza a sua colocação, por análise e colocação mais rápida, no sentido de um melhor retorno dos investimentos.

3.20. *SOCIAL COMMERCE*

O *social commerce* é uma nova forma de venda de produtos e serviços directamente através das redes sociais, em que toda a experiência do cliente decorre nesses meios.

> A marca dirige-se a audiências direccionadas.
> Torna a compra numa experiência social interactiva entre a marca e a sua comunidade.
> Compra mais fácil, com menos fricção,
> Cria automaticamente um *focus group*.
> Venda e serviço através de *AI bot*.

O *social commerce* tem vindo ter um peso cada vez maior nas compras *online* e nas compras totais, em particular nos EUA e na China, especialmente através do TikTok e do Instagram e ainda do Facebook ou do Pinterest. Esta técnica revela-se bastante eficaz, pois a pessoa não está directamente a consultar nenhum *website*, mas está num meio comunicacional, normalmente de divertimento, interactivo, enquanto é confrontada com uma oferta comercial, muitas vezes através de um influenciador, sem fricção, com alvos claramente focados em função dos perfis registados dessas pessoas.

O *social commerce* tem vindo a despontar com a utilização das redes sociais. Este deriva do interesse que os utilizadores possam ter das mensagens e conteúdos apresentados pelas marcas nestes meios o que conduz à utilização conjunta do meio de entretenimento e do meio comercial. Neste campo, torna-se especialmente relevante a utilização de influenciadores. Do ponto de vista da gestão de marketing, é bastante interessante, pois trata-se de uma forma, não invasiva, de recolher *feedback* das pessoas, opiniões e comentários, podendo constituir um verdadeiro *focus group*.

As marcas começam a estar atentas a este novo meio de venda que se tornará, em especial junto da Geração Z, cada vez mais relevante. Algumas marcas já estão, inclusivamente, a trabalhar com influenciadores, oferecendo condições especiais aos potenciais clientes, como é o caso da marca de cuidados com a pele Glossy. Outras vêm desenvolvendo acordos com criadores das redes sociais no sentido de melhor interligar as suas campanhas com as intervenções daqueles nessas redes. Também as marcas de luxo têm uma presença marcada neste domínio dado o seu objectivo de conquistar as camadas mais jovens da população.

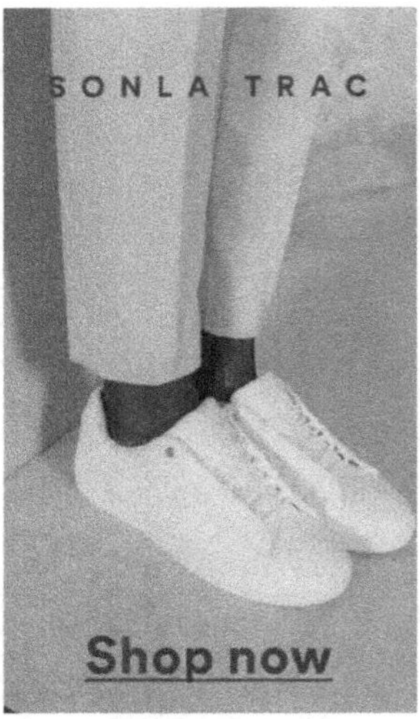

Fonte: Pinterest.

Fonte: Instagram.

O *Instagram Live Shopping* foi lançado em 2020 e permite a influenciadores comunicarem e venderem produtos, em tempo real, aos seus seguidores. As marcas podem também criar catálogos digitais onde os seguidores podem comprar directamente no aplicativo.

O *TikTok Shopping*, foi lançado em parceria com o Shopify, contém vídeos e transmissões ao vivo e permite aos comerciantes do Shopify sincronizar os seus catálogos de produtos com o TikTok. O *Amazon Live* foi lançado em 2019. É um processo de *live streaming* que permite às marcas e aos criadores digitais apresentar demonstrações de produtos ou outros conteúdos.

Estes últimos desenvolvimentos criam novos desafios às marcas para acompanharem a jornada dos seus clientes, pois uma pessoa pode encontrar o produto na página de um seu influenciador, indo depois para a página da marca e no fim fazer o *check out* na página de compras do Instagram. Mas também surgem grandes oportunidades de acompanhamento de todas as fases da jornada.

Algumas das vantagens do *social commerce* são, a humanização da marca, pela proximidade com os utilizadores, uma melhor segmentação da publicidade de acordo com as personas definidas, as suas preferências, experiências de cliente mais naturais e próximas das suas actividades de entretenimento e redução dos atritos no acto de compra. O *social commerce* é uma das formas de efectuar vendas *online*. O tráfego orgânico proveniente dos motores de busca, o tráfego pago através de anúncios e o tráfego de referência proveniente de *sites* de terceiros, constituem todos caminhos para um *website* de negócio. Em particular na China e nos EUA, o *social commerce* tem vindo constantemente a crescer, sendo previsto a sua contínua evolução neste sentido.

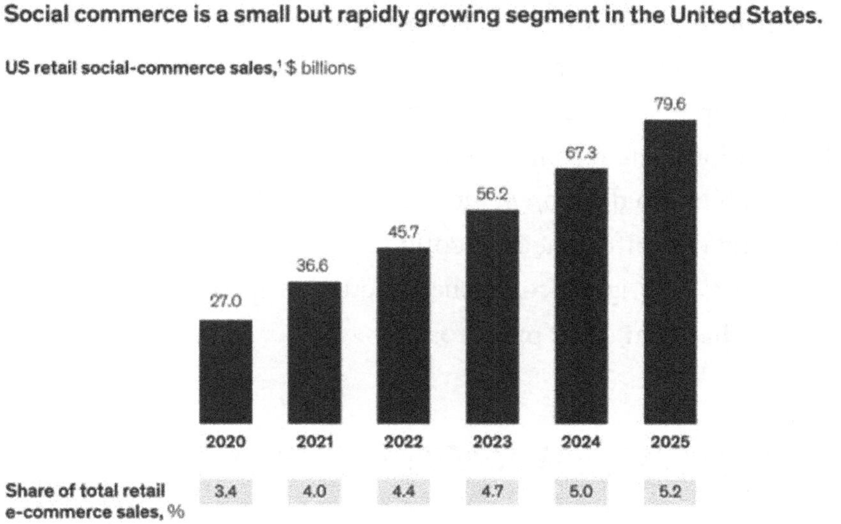

Fonte: Projecções 2021-2025, originadas em eMarketer, Maio 2021.

3.21. *HYPERLOCAL MARKETING. GEOFENCING*

A tecnologia *geofencing* permite a detecção de alvos, em tempo real, baseando-se na localização geográfica da pessoa. É definida uma área-alvo em torno de uma loja. Quando a pessoa entre nessa área recebe uma mensagem comunicacional de marketing. A comunicação ou a oferta disponibilizada será tanto mais personalizada consoante a pessoa seja cliente ou não e exista um registo automatizado de dados da relação anterior.

Com o desenvolvimento da IoT, a geolocalização permite o desenvolvimento do marketing *hyperlocal*. Trata-se de personalizar o acesso e a mensagem para clientes que possam estar num certo raio de acção de um estabelecimento comercial. Os motores de busca, como o Google, têm sido utilizados para a procura de um qualquer local, como um estabelecimento comercial, e os *marketers* usam a localização nas suas estratégias. Os clientes, ou quem potencialmente possa vir a sê-lo, podem constituir o alvo das mensagens comunicacionais logo que detectados numa determinada área geográfica nos limites do definido pelos parâmetros da geo-localização. As mensagens podem ser mais eficazes e mais vistas se se dirigirem a alvos mais limitados, com maior probabilidade de compra, e quanto mais forem os eventuais dados que a empresa tenha anteriormente recolhido e tratado sobre a relação com esses clientes. A combinação do *geofencing* com a IoT será, cada vez mais, eficaz face à potencial informação recolhida, por exemplo, da falta de um dado produto do frigorífico do cliente, quando ele se aproxime do local de compra habitual desse produto.

3.22. METAVERSO. *NON-FUNGIBLE TOKENS. DIRECT-TO-AVATAR*

Desde o fim de 2021, que o tema metaverso começou a ganhar algum protagonismo nos textos da tecnologia e também nos *not to forget* dos *marketers*. O facto deveu-se ao anúncio, feito por Mark Zuckerberg, da alteração do nome da sua empresa Facebook para Meta. Na sequência de desenvolvimentos que a empresa vinha fazendo, exprimia o desejo do desempenho de um papel relevante neste desenvolvimento da internet. Outras empresas vinham investigando e lançando soluções na área como, a Microsoft, a Apple e, na área do *gaming*, a Epic Games, criadora do Fortnite e a Roblox entre várias outras. Mas, o tema do metaverso não é novo. Foi lançado em 1992, pelo escritor de ficção científica Neal Stephenson, no livro *Snow Crash*. Em 2003, é lançado o Second Life, pela Linden Lab — após o entusiasmo inicial de muitos milhares de empresas e particulares, acabou por não ser bem-sucedido — ambiente virtual onde proliferavam *avatars* e em que muitas empresas marcaram presença. O seu sucesso não foi grande devido ao estado da tecnologia no momento.

Evolução das plataformas de realidade virtual (pré-metaverso)

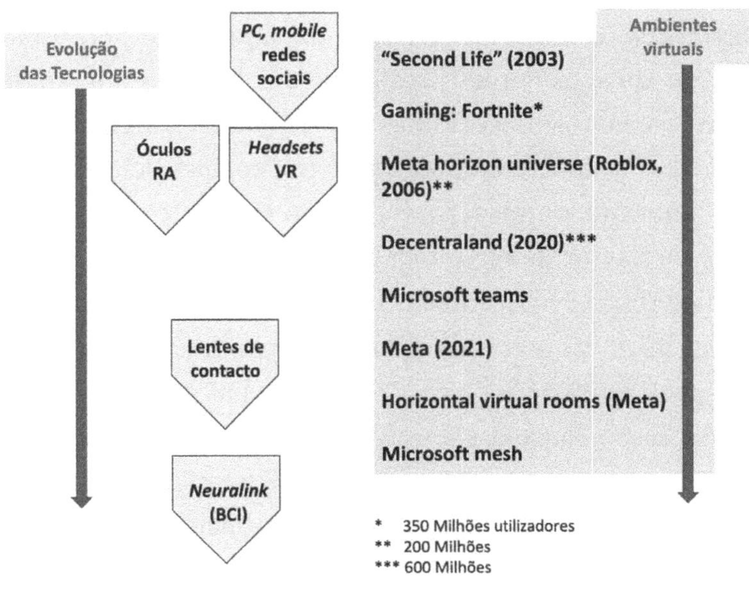

Ao mesmo tempo que o *hardware* evoluía (PC, *mobile*, óculos RA, *headsets* RV, lentes de contacto), a evolução do *software* veio criar as condições para o lançamento de plataformas mais sofisticadas, como o Fortnite, Roblox, Decentraland, que permitem a existência de um mundo digital onde confluem diversas soluções e equipamentos de Realidade Virtual, Realidade Aumentada, cripto-moedas, *blockchain* e *internet*. O metaverso é um espaço virtual habitado por representações digitais de pessoas (avatares), lugares e coisas.

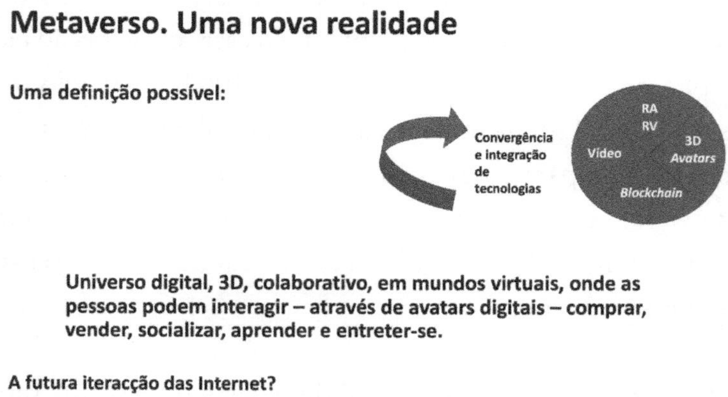

O metaverso constitui a evolução da actual internet, permitindo a interacção entre os mundos real e virtual, criando um ambiente de maior envolvimento e imersão nas acções que estejam a decorrer, seja uma reunião, um concerto ou ao efectuar a compra de um produto.

Neste ambiente, outras tecnologias são usadas, como a RA, a RM, a *blockchain* (factor de segurança), as cripto-moedas (meios de pagamento nas transacções efectuadas no meio) ou os NFT, tendendo estas tecnologias disruptivas a, cada vez mais, serem integradas.

Um dos grandes desafios é o de não haver um único metaverso, mas diversas soluções disponibilizadas por vários fornecedores. A Meta/Facebook está a tentar criar uma rede para onde pudessem convergir as diversas situações. A Microsoft, que tem vindo igualmente a desenvolver este campo, tem-se concentrado na criação de um *companies' metaverse*.

No campo do *gaming*, contudo, algumas soluções têm conseguido agregar muitos entusiastas, em especial jovens, como o Fortnite (Epic Games), o Minecraft (Microsoft) e o Roblox (com mais de 700 milhões de utilizadores mensais activos).

Características do Metaverso

*Interoperável

*Gerado pelo utilizador

*Descentralizado

*Sem limites

*Social

*Definido pelo utilizador

*Criativo

*Persistente

*Escalável

*Valor transferível

*Digitalmente Coleccionável

*Prova digital da propriedade

*Transacções com base em blockchain

BMW Digital Twin

A Nvidia's Omniverse criou um gémeo digital de uma fábrica da BMW com o objectivo de facilitar a cooperação dos diversos técnicos da marca independentemente do local onde estejam localizados.

Fonte: Blogs.nvidis.com.

Segundo a Nvidia, para similar o *workflow* no Nvidia Omniverse, humanos digitais são treinados com dados de humanos para simular novos métodos de trabalho para melhorar a ergonomia e a eficiência dos trabalhadores.

Desde 2021 começaram a surgir novas áreas de negócio e criação de valor, como os *NFT/non-fungible tokens*, soluções virtuais expressas na possibilidade de compra, posse e garantia de propriedade única de itens virtuais — peças de arte, músicas, um texto de um ficheiro — que podem ser comprados por cripto-moedas e cuja segurança assenta em cadeias de *blockchain*. E, este negócio, embora ainda no seu início atingiu um volume de negócios de 25 mil milhões de dólares em 2020. Várias marcas começaram a demonstrar interesse na presença e na criação de NFT como a H&M, Nike, Prada, Adidas, Pepsi, Walmart, entre tantas outras. Em Portugal, a primeira empresa a criar NFT foi, precisamente neste mês, a CAUS, uma marca de t-shirts que podem ser adquiridas no *site* Open Sea.

Como com qualquer nova tecnologia, logo se começam a perfilar os *early adopters* e discípulos, por um lado, e, por outro, os descrentes, aqueles que sempre vêem grandes ameaças em tudo o que é novo. É certo que qualquer tecnologia tem aspectos positivos e negativos e, no caso das redes sociais e da internet, levantam-se diversas questões de privacidade e protecção de dados pessoais, embora estas já estejam devidamente regulamentadas.

A relevância do metaverso deve-se também a que as pessoas querem que a sua existência virtual reflicta o que é importante para elas (ética, valores, identidade). Grant Paterson, Head of Gaming and Esport da agência Wunderman Thompson, afirma: «Games are becoming environments in which people are defining their identity», o que revela a interacção vivencial dos jogadores com o espaço virtual.

	Digital		Pós-digital
FASES DO METAVERSO	**EMERGENTE/ CONCEPTUAL**	**AVANÇADA**	**MATURIDADE**
	2020 e antecedentes	**2025***	**2030***
Interacção	*Smart devices*	Interfaces multimodais Experiências imersivas (RA/RV/RM-RX)	Espaços inteligentes Assistentes virtuais avançados Hologramas
Meios	Redes sociais Jogos IoT	*Digital tokens; currencies* Plataformas de experiências digitais (DXP)	Integração espacial IoS
	Web 3.0	*Edge cloud*	P2P
Infraestrutura	Diversas plataformas Uma só Internet	*Blockchain* Diversas plataformas	5G Interopabilidade Um só Metaverso?

Tecnologia — **Comportamento do mercado** — **Produtos e Serviços**

Facto é que, embora, numa fase ainda inicial, o metaverso não seja uma moda, algumas grandes empresas tecnológicas estão a investir fortemente neste meio (Microsoft, Meta, Nvidia, entre outras), assim como grandes marcas de consumo já iniciaram a sua presença no meio.

O Metaverso não é um epifenómeno!

Os dados estão lançados

- **Facebook/Meta está a investir 10 mil milhões de USD, e quer contratar 10 000 novos empregados**
- **Microsoft está a desenvolver o *Entreprise Metaverse***
- **Zynga adquiriu a Farmville, por 12.7 milhões de USD**
- **Epic Games - funding de mil milhões de USD**
- **Nvidia desenvolveu o *Metaverse for Engineers***
- **160 Milhões de pessoas usam criptomoedas**
- **Gaming representa 180 mil milhões de USA nos USA, 2021; 260 mil milhões estimados para 2025**
- **As vendas *direct-to-avatar* de produtos virtuais, representa já 54 mil milhões de USD (McKinsey)**

A RV expressa no metaverso permite múltiplas actividades, desde lúdicas até profissionais e de negócio. Lúdicas, o jogo e o entretenimento; sociais, observar o que se passa no meio e socialização; profissionais, treino e aprendizagem; económicas, comprar, negociar e trabalhar.

O metaverso abre novos caminhos para o marketing e para a comunicação, começando a surgir uma nova terminologia que estará presente na mente de todos os *marketers* (*metamarketing*, *metacommerce*, *metacommunication*, *brandverse*), nomeadamente, através das múltiplas aplicações disponíveis: *merchandising*, *billboards*, *showrooms*, patrocínios, realização de convenções, viagens virtuais, entre outras.

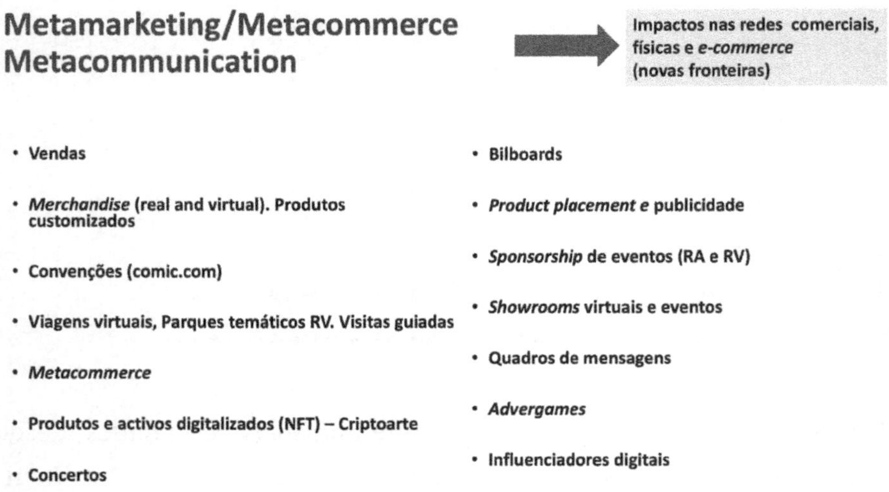

Se o digital já vinha introduzindo novas técnicas de marketing, comunicação e gestão de marca, o metaverso vem disponibilizar um novo meio, obrigando a uma gestão de marca que tem de acompanhar permanentemente as reacções de quem se relaciona com ela, visando assegurar a coerência das percepções por parte das pessoas, qualquer que seja o meio de contacto, e envolver os clientes num meio mais imersivo e lúdico, aproveitando a contribuição expressa nos seus conteúdos e comportamentos.

Brandverse

- **Promoção da imagem e reputação**
- **Conteúdos gerados no utilizador**
- **Envolver os clientes/Construir experiências comunitárias**
- **Atingir novas audiências**
- **Privacidade de dados e segurança**
- **Propriedade intelectual e *copyright***

Perante o avanço e a disponibilidade tecnológica da realidade virtual e da *web* 3.0, a estratégia a seguir para a entrada no metaverso deve passar por:

- Avaliar como os clientes gostam de se envolver com a marca.
- As experiências criadas serão interessantes e imersivas.
  - Como criar uma experiência excelente, complementar e coerente com os outros canais de relação com os clientes (omnicanal)?
  - Quais os impactos a produzir no modelo de negócio?
  - Como assegurar a protecção da imagem e da reputação da marca?
  - Como assegurar a segurança e os direitos de *copyright*?

Diversas actividades estão já presentes no metaverso, tendo sido *early adopters*, como a indústria da música, da moda e cosméticos, automóvel, do turismo, do retalho ou a educação. Muitas empresas internacionais já iniciaram o seu caminho nesta área, assim como algumas portuguesas, quer através da presença, quer através da emissão de NFT.

O Newzoo Trend Report de 2021 conclui que as principais áreas de interesse das pessoas no metaverso são a possibilidade do seu encontro *online* com amigos e com a família, assistirem a eventos a festas, todas estas actividades de carácter lúdico.

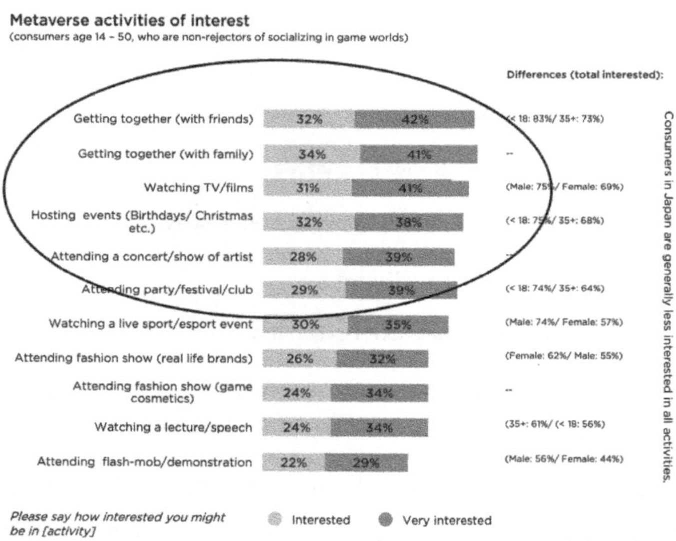

Fonte: Newzoo trend report 2021.

Como em qualquer realidade, também o metaverso tem vantagens e aparentes desvantagens. De um modo geral, a presença gera um efeito de inovação, constituindo os principais aspectos positivos:

- A possibilidade de grandes experiências (alargamento e integração do mundo real e do mundo virtual).
- Maior envolvimento pessoal (por exemplo, reuniões que envolvam participantes de diversos locais e de países do mundo).
- Criatividade alargada.

- Aumento da *performance* pessoal.
- Entretenimento, imersão e interactividade.
- Eficácia das logísticas de negócio (criação e manipulação de gémeos digitais — *digital twins*).
- Utilização de novas soluções para a educação e práticas profissionais, por exemplo, treino nas áreas de medicina e cirurgia,
- Criação de novas soluções de marketing, comunicação e envolvimento de alvos de negócio.

Por outro lado, existem alguns outros aspectos potencialmente negativos, desde que não geridos, pelas empresas e pelas pessoas, embora muitos deles decorriam da presença anterior no digital:

- Falta de privacidade e mediatização da vida.
- Possibilidade de intrusão de terceiros.
- Perigo de cópia de identidades.
- Obediência das empresas à permissão dada pelas pessoas.
- Dependência crescente da informação e do seu tratamento no meio (algoritmos).
- Capacidade de alteração do sentido da realidade (*real*), com eventuais efeitos psicológicos negativos daí derivados.
- Sensações físicas negativas.

NFT, *NON-FUNGIBLE TOKENS*

Um NFT, *non-fungible token*, segundo o *Dicionário Collins*, «é um certificado digital único, registado numa cadeia *blockchain*, que é usado para registar a propriedade de um activo, como uma peça de arte, uma foto, uma pintura, ou outro qualquer objecto coleccionável». Muitas empresas começaram a estar presentes neste mercado, emitindo este tipo de contratos digitais expressos em imagens, fotos, filmes ou outros documentos. A presença no mercado dos NFT traduz-se na venda de objectos virtuais em propriedades, artigos de arte e de moda.

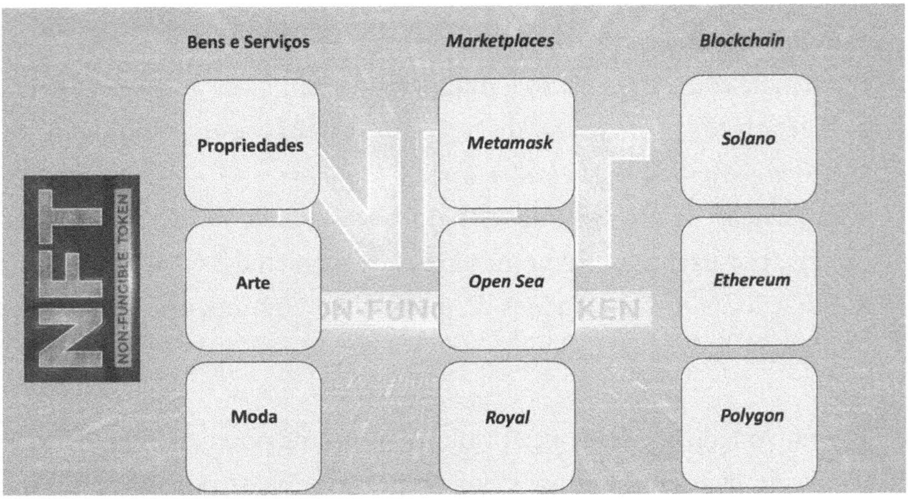

Algumas vendas de arte de NFT ultrapassaram valores nunca esperados, como foi o caso da colagem digital feita pelo artista americano Beeple, que atingiu em leilão o valor de 69 milhões de dólares.

Fonte: website da Christie's.

Skechers

A Skechers foi uma das primeiras empresas a assinar um contrato com a Decentraland para abrir uma loja virtual e vender calçado e vestuário, real e virtual, no *Fashion District*.

Fonte: skechers.com.

NIKE

A Nike lançou a *Nikeland* na plataforma Roblox, em Novembro de 2021, no sentido de ampliar e extender a experiência de marca dos seus clientes, em todos os canais disponíveis. Os clientes podem comprar produtos da marca e usar funcionalidades de RA na *Nike Flagship Store* em Nova Iorque.

Os consumidores podem comprar e interagir competindo em jogos, na *Nikeland*, sendo também possível desenhar os seus próprios jogos na mesma plataforma. A Nike encoraja, assim, os seus clientes a interagirem com a marca, através de diferentes plataformas, encorajando a compra, a competição e a criatividade.

Fonte: Roblox.com.

SAMSUNG

A marca lançou o projecto Samsung 837X, uma experiência imersiva de compra, no início de 2022, na plataforma Decentraland. Trata-se da versão digital da loja de Nova Iorque que mostra as últimas novidades tecnológicas da marca.

Os utilizadores podem dispor de uma aventura digital no *Connectivity Theater* e na *Sustainability Forest*, completando tarefas ao longo do caminho e ganhando prémios NFT. Esta floresta constitui parte de uma campanha que a Samsung lançou para plantar dois milhões de árvores em colaboração com uma empresa de NFT que ia fornecendo prova da plantação.

Este projecto é uma mistura de entretenimento, *storytelling*, *branding* e impulsionador de vendas.

HYUNDAI

A *Hyundai Mobility Adventure* foi desenvolvida na plataforma Roblox. Os visitantes são confrontados com um espaço virtual onde se podem encontrar, comunicar, jogar e experienciar situações de mobilidade sob a forma de avatares personalizados.

O jogador pode operar robôs, veículos, equipamentos de mobilidade e de transportes urbanos e conduzir veículos eléctricos da marca. Podem criar os seus próprios avatares e envolver-se em diversas actividades sociais imersos nas diversas aventuras do metaverso.

Fonte: Roblox.com.

A marca afirmou que este projecto foi desenhado para jovens conhecedores tecnologicamente experientes na exploração do mundo virtual para além das experiências físicas. O objectivo alimentar relações de longo prazo com os produtos presentes e futuras soluções de mobilidade da marca.

SOTHEBY'S

A Sotheby's iniciou a colaboração como Clube de Futebol Liverpool ao criar a *LFC Heroes Club NFT Community*. Os fãs e sócios do clube podem comprar, de entre outros, NFT coleccionáveis do clube e ter acesso a fóruns, competições e descontos.

Fonte: Sotheby's.

COCA-COLA

A Coca-Cola patrocinou, em 2022, o primeiro casamento indiano que teve lugar no metaverso. No evento, havia um palco patrocinado Coca-Cola e um bar com latas da bebida. Os convidados tinham descontos e cartões de oferta a serem usados no mundo físico.

A marca lançou também, em primeira mão, um novo sabor no Roblox e no Fortnite, em 2022, a Coke Zero Sugar Byte. Desenvolveu também uma campanha baseada na venda de ícones da mesma, na qual os vencedores puderam ter acesso gratuito a esse tipo de objectos físicos.

Fonte: *Website* Coca-Cola.

Hotel Madrid Marriott Auditorium

O Hotel Marriott em Madrid decidiu, em Fevereiro de 2022, entrar no metaverso através do seu auditório, abrindo uma nova janela no sector MICE (*Meetings, Incentives, Conferences, Exhibitions*).

O hotel vai criar espaços de encontro virtual onde os profissionais do sector se poderão encontrar, fazer reservas e ver eventos naquele inovador espaço virtual.

O hotel persegue também uma política ambiental, traduzida em sistemas de aquecimento e iluminação mais eficientes, conduzindo a consumos menos elevados.

Fonte: Hotel Marriott Madrid.

Outras marcas do sector da restauração e das bebidas, assumiram também presença no metaverso, como a McDonald's — vendendo refeições virtuais — e a Wendy's, que abriu o Wendyverse, um restaurante virtual na Meta Horizon World's.

Muitas das marcas de luxo têm vindo a encontrar nas plataformas de metaverso uma forma de chegar mais próximo dos *millennials* e da geração Z, normalmente mais atraídas pelo meio. Assim, a Gucci lançou uma mala virtual, mas igual a uma do meio físico, que conseguiu vender por um valor superior à deste último.

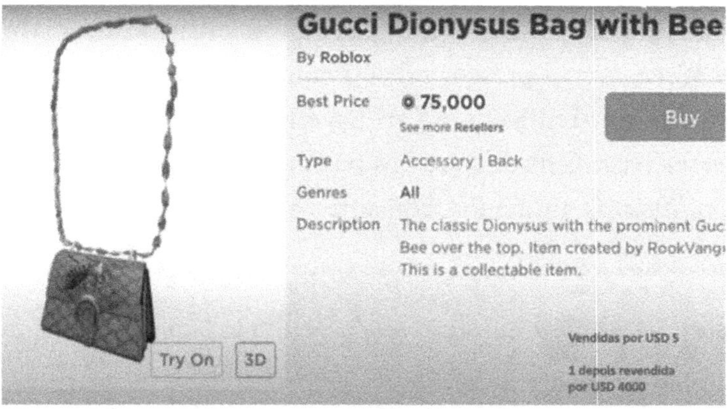

Fonte: Roblox.com.

A Nike foi uma das primeiras marcas a estar presente e a apostar forte nos NFT, tendo comprado a RTFKT Studios — empresa que fabrica calçado virtual — e vendendo, no *marketplace* OpenSea, réplicas personalizáveis do seu calçado de desporto numa colecção — Nike Dunk Genesis Cryptokicks — de mais de 20 000 itens, disputando com outras marcas a moda virtual. Esta colecção, só na primeira semana, gerou mais de 10 milhões de dólares. Posteriormente, estes produtos começaram a ser vendidos no mercado secundário, por valores bastante superiores.

Fonte: Nike.com.

Em Março de 2022, teve lugar na Decentraland, a *Metaverse Fashion Week*, com a presença de 60 marcas de moda como a Dolce & Gabbana, Tommy Hilfiger e a Karl Lagerfeld. Esta semana foi composta por diversas passagens de modelos patrocinadas, uma área de compras virtual, *billboards* animados, concertos e outros eventos interactivos.

Fonte: Decentraland.

A Gucci abriu a loja Gucci Vault Land, na Sandbox, onde vai realizar diversas acções que serão traduzíveis em lugares de área VIP em eventos reais. A marca está também a lançar NFT coleccionáveis. A marca esteve também presente na plataforma Roblox, com o Gucci Garden. À medida que os visitantes atravessavam as galerias virtuais inspiradas pelas campanhas de publicidade da marca, os seus avatares digitais transformavam-se em manequins, absorvendo diversos elementos da exposição. Os visitantes poderiam também comprar artigos para vestirem os seus avatares.

Na área dos concertos, houve actuações dos artistas Travis Scott e Ariana Grande a que assistiram várias dezenas de milhões de internautas e que originaram também várias dezenas de milhões de dólares de lucro.

Travis Scott

- 45 milhões de espectadores
- Lucro 20 milhões de USD

Ariana Grande
Fortnite Concert

Lucro de 20 milhões de USD

Em Portugal, algumas marcas já marcam presença neste campo. Cite-se o NFT de Cristiano Ronaldo, vendido por 290 mil dólares, da CAUS, primeira empresa portuguesa a vender *T-shirts* NFT; o caso de Sara Sampaio, comprando uma ilha na Decentraland por 97 mil dólares, ou vendendo uma NFT de uma foto sua na plataforma Open Sea; o Gato Preto, com NFT das suas canecas; e a Diverge, vendendo ténis.

A CAUS é a primeira marca portuguesa a vender T-shirts em NFT

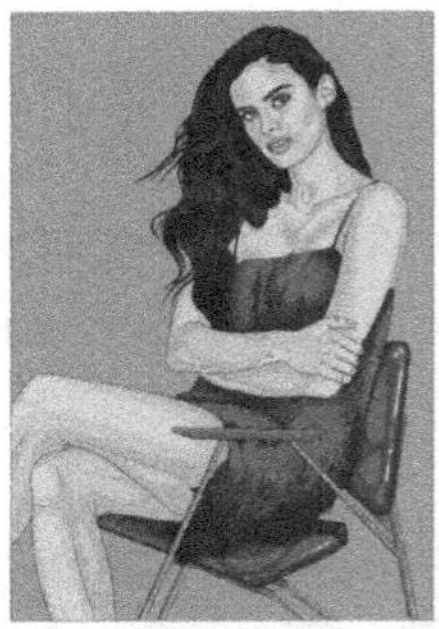

Sara Sampaio
NFT à venda na plataforma Open Sea

Marca portuguesa de ténis lança os primeiros NFTs

Conhecida pelos ténis personalizáveis, a Diverge acaba de lançar os primeiros NFTs, uma colaboração com o artista Frederico Ramires.

Na área política, a presença da Ucrânia no metaverso visa apoiar a sua luta, reflectindo a vontade de estar presente nos diversos média, atingindo todos os públicos possíveis. Algumas marcas responderam, apoiando o país, como a Vogue Ucrânia, lançando NFT vendidos para recolher fundos para ajudar o país.

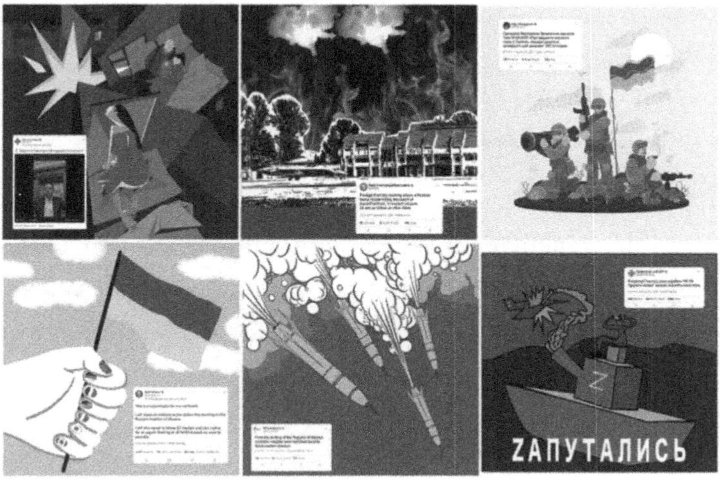

Os principais desafios que se colocam às empresas, no domínio do metaverso, no âmbito dos seus modelos de negócio, são os seguintes:

- Interoperabilidade ou guerra de plataformas?
- Centralização ou descentralização?
- Meios de acesso de *hardware low cost*.
  - – Comunidades demasiado fragmentadas (até ao momento, não há um metaverso, mas vários).
  - – Privacidade e identidade (regulamentação).
  - – Dissociação com a realidade?
  - – Relevância para as pessoas.
  - – Avanço tecnológico das comunicações (5G, 6G, IA, ML, DL).

Lessons to learn: Estratégia de marketing

1. **Transforme o seu negócio numa experiência.**
2. **Faça parte do *Next Level* do comércio.**
3. **Crie ambientes virtuais imersivos construindo o seu próprio espaço.**
4. **Desenhe uma jornada omnicanal do utilizador no metaverso.**
5. **Foque os seus recursos na construção de emoções.**
6. **Surpreenda os seus clientes oferecendo-lhes o que eles querem, no momento em que o queiram.**
7. **Canalize emoções para os produtos que vende.**

Constituindo o metaverso uma nova realidade em construção, logo inacabada, sobre a qual não é ainda possível fazer uma definição exacta do que poderá vir a ser, tentou-se desenhar o ambiente em que ele poderá vir a ser na próxima década.

Tentativa de nova definição

O metaverso na década de 2030

Um mundo interconectado e ilimitado, onde as vidas física e digital vão convergir *onlife - num continuum ciber-físico* - onde objectos digitais (RV) são projectados em objectos físicos, digitalmente representados numa realidade fusionada, onde vai ser possível criar uma realidade alargada (RX) e personalizada através da utilização de um conjunto de biométricas físicas e comportamentais, reconhecimento emocional, análise de sentimentos e dados pessoais

3.23. FUTURO DO RETALHO: DE ESPAÇO COMERCIAL A LOCAL DE ENTRETENIMENTO

Não obstante a importância crescente que o comércio electrónico vem assumindo nas vendas das empresas, não se pode dizer que os espaços físicos/lojas irão acabar. Na realidade, os espaços físicos têm vindo progressivamente a redefinir-se incorporando novas soluções tecnológicas — marketing sensorial com aromas personalizados, tecnologias imersivas, como a utilização de IA, RA, RA, manequins personalizados — oferecendo soluções omni-canal e permitindo uma maior personalização humana em todos os pontos de contacto que melhoram e envolvem mais marcadamente a experiência de cliente.

É o caso da Nike e a Lego, que abriram novas lojas em Manhattan. Trata-se de espaços em que se podem desenvolver novas experiências de compra, com *displays* interactivos, possibilidade de personalizar produtos e de entretenimento para crianças e para adultos. São bons exemplos do que serão as lojas do futuro pela introdução, no espaço físico, de tecnologias digitais para tornar agradável e lúdico o acto de compra ao humanizar a loja, aproximando-a dos seus clientes e ao criar um espaço de emoção.

NIKE — *House of Innovation*, Manhattan, NY

Fonte: Carlos M. Oliveira.

LEGO *STORE* — Manhattan, NY

Fonte: Carlos M. Oliveira.

É relevante o conhecimento das diversas emoções do consumidor ao longo de cada fase da sua jornada relacional. Este constitui um elemento importante para o desenho das experiências de retalho. A loja de retalho vai ser moldada por diversos elementos que vão alimentando a experiência do cliente no espaço físico, desde sons e aromas a manequins digitais que conhecerão a preferência do cliente.

Auchan

A empresa está a atravessar um processo de transformação digital, como a introdução do projecto-piloto de um robô, na loja de Alfragide, que percorre os corredores e faz a leitura dos produtos em falta nas prateleiras. Essa informação é transmitida, em tempo real, através da tecnologia da IoT, de forma a repor os produtos em falta, optimizar a gestão de *stocks* e a disponibilização de produtos e, assim, melhorar o serviço prestado ao cliente.

Uma 2ª fase está prevista, em que o robô irá mapear a loja e fornecer um mapa interactivo ao cliente, com a localização de cada artigo.

A *App* Auchan permite efectuar compras *online* e na loja. Aí, utiliza o conceito *Scan & Go*, recolhendo as referências de cada produto adquirido, registando digitalmente a compra, evitando as filas de espera nas caixas.

Walmart

A Walmart tem vindo a desenvolver o programa *Plus inHome*, através de uma parceria com a *Chamberlain's myQ smart garage door opener system*, que permite aos motoristas distribuidores colocar as encomendas directamente na garagem dos clientes.

Amazon

A Amazon está a expandir o seu *Customer Order and Network Density Optimizer* para a totalidade do território dos EUA. Este sistema permite escolher e optimizar, automaticamente, o canal de entrega mais eficaz de cada produto aos seus clientes.

Nuro/Uber Eats

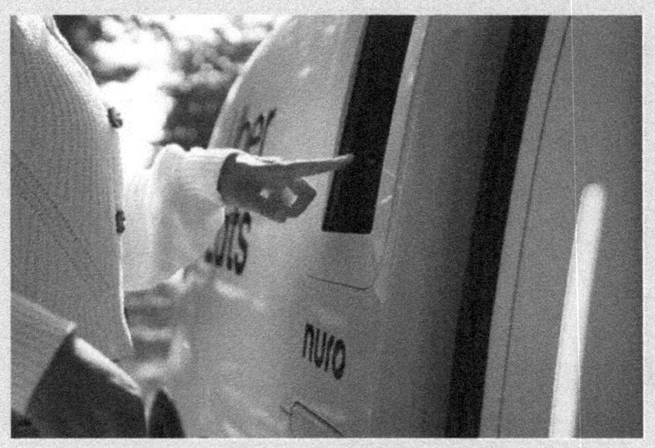

Fonte: Nuro da Uber Eats.

A *start-up* de veículos autónomos Nuro fez uma parceria com a Uber Eats para testar a distribuição das refeições em certas cidades americanas. Os clientes não irão ter nenhum custo extra, caso a entrega seja feita por uma pessoa ou um *bot*.

ZARA

A marca abriu a primeira loja em Portugal, no Porto, com o seu novo conceito de *White Box*.

Esta contém *corners* específicos para cada tipo de produtos: *lingerie*, calçado e desporto. O espaço reflecte a preocupação da sustentabilidade, com espaços abertos, vastos e bem iluminados com sistemas de *led*, para aumentar a eficiência energética. Simultaneamente, apresenta novas soluções tecnológicas, como a possibilidade de os clientes procederem ao levantamento automático de produtos encomendados online, escolher o *check-out* e pagamento também automáticos, sem a necessidade da intervenção dos agentes da loja.

A marca vai brevemente encetar também a venda de produtos em segunda-mão.

LIVE STREAM SHOPPING

O *live stream shopping* é usado para promover e vender produtos através de transmissões ao vivo no meio digital, muitas vezes com a colaboração de influenciadores. A diferença entre *live stream shopping* e o tradicional *online shopping* é que no primeiro existe a interacção com a audiência, em tempo real, que pode fazer perguntas e comentários. Algumas redes sociais já usam este tipo de ligação como a Facebook, a Alibaba, o Instagram ou a Amazon. Na China, esta prática é bastante comum (em 2020, um terço dos internautas chineses viram sessões deste tipo).

Fonte: Amazon.

Diversos produtos são comercializados através por esta via, nomeadamente de beleza, vestuário, electrónica de consumo, mobiliário, entre outros. A *Coresight Research* estima que o *livestream shopping* represente um valor de vendas de 25 mil milhões de dólares nos EUA em 2023. A Levi's, por exemplo, está a preparar-se para entrar nesta forma de comunicação e venda de produtos.

Google

A primeira loja da Google foi inaugurada em 2021, em Nova Iorque, visando uma maior proximidade com o consumidor, algo que não é tão fácil a uma empresa deste tipo. A loja apresenta os seus produtos e serviços e está certificada e construída com materiais sustentáveis, o que demonstra a preocupação que as empresas começam a ter com o ambiente e com as expectativas dos seus clientes neste tema.

A loja dispõe de assistentes virtuais, telefones móveis e computadores com o objectivo de criar uma experiência física aos seus visitantes através da experimentação de novos *softwares* que a empresa está a criar, pelas demonstrações dos assistentes virtuais — o *Google Nest*, um assistente virtual que permite a configuração para controlo de diversas funções para casas inteligentes — ou ao tirar dúvidas com os seus técnicos.

A loja funciona ainda como laboratório de teste com clientes de diversas soluções da empresa.

SAMSUNG

A Samsung abriu uma loja em Nova Iorque, em que não vende telefones móveis, nem *tablets*, nem computadores. Pretende possibilitar uma maior interacção com os consumidores, concentrando-se na comunicação e na experiência. O objectivo é ser um espaço de cultura, unindo moda, arte, tecnologia e lazer. A mesma dispõe de um ecrã digital que ocupa três andares, feito com quase cem monitores.

Dispõe também de um café e realiza alguns eventos como aulas de culinária, transmissão de jogos, simulador de montanha-russa, lançamento de produtos e outros, sendo que alguns deles são realizados num túnel de realidade virtual. Apesar de não vender produtos, a loja oferece serviços de reparação dos seus equipamentos.

Em suma, a Samsung criou um espaço tecnológico de experimentação e lazer, apresentando os seus produtos e serviços de forma experiencial e possibilitando a divulgação dessas experiências através das redes sociais.

SEPHORA

A nova loja que a marca francesa Sephora, do grupo LVMH, abriu em Nova Iorque reúne diversas inovações tecnológicas e novos serviços.

A loja, dispõe de ecrãs informativos e interactivos e compreende um estúdio de beleza que oferece serviços gratuitos de maquilhagem, permitindo a testagem e adequabilidade dos seus produtos ao cliente através da solução *Colour IQ*. Inclui, além disso, um novo serviço: a personalização de frascos de perfume, através de uma máquina que grava palavras em vidro.

Uma outra novidade, além de um *Skincare Studio*, é o *Fragrance Studio* que consiste num balcão com diversos tipos de perfume. Um ecrã táctil disponibiliza um teste para determinar o tipo de perfume mais adequado a cada pessoa, após o qual o cliente pode sentir o aroma, através de um dispositivo que o ladeia.

Um espelho inteligente permite a escolha do batom mais adequado, solução de IA que a marca já disponibilizava anteriormente no meio digital.

Como serviços complementares, oferece ainda aulas gratuitas de cosmética e dispõe de um programa de fidelização que oferece amostras de produtos, aulas e outros serviços com vantagens especiais.

3.24. LIDERAR COM EMPATIA, FOCO E ENVOLVÊNCIA

Neste ambiente de novos desafios tecnológicos e de novas experiências requeridas e expectáveis pelos clientes, os *Chief Marketing Officers* (CMO) têm igualmente novos desafios no sentido de poderem responder a um ambiente desafiante e sempre em mudança. O novo CMO — metade cientista, metade artista — tem de ter as seguintes características:

- Conhecedor das tecnologias;
- Líder da transformação digital;

- Líder forte e empático;
- Adaptável;
- Curioso;
- Ético;
- Centrado na *performance;*
- Focado nos clientes e no negócio;
- Ter uma mente global aberta;
- Construtor de equipas;
- Capaz de fazer parcerias;
- Focado no *engagement*;
- *Mindset* centrado no *return on investment* (ROI)
- Vanguardista

3.25 SÍNTESE DO *HUMANTECH MARKETING*

Humantech marketing, o marketing molecular e humano, é um novo marketing, tornado possível pelo desenvolvimento tecnológico polarizado no ser humano, fruto de um novo *mindset* empresarial e da possibilidade de antecipar, criar e personalizar, em tempo real, soluções e experiências *onlife* imersivas e memoráveis, que possam exceder as expectativas de relacionamento de cada cliente, com uma empresa ou marca, gerando a sua maior fidelização.

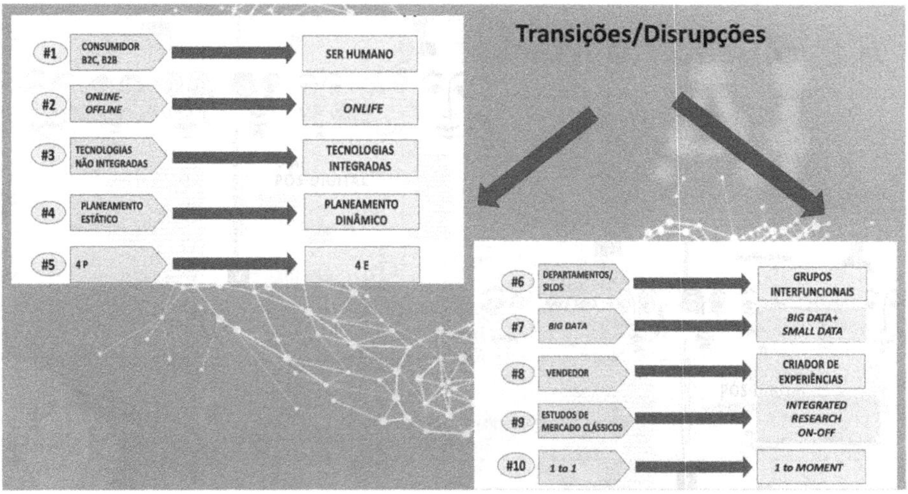
Transições/Disrupções
#1
CONSUMIDOR B2C, B2B
SER HUMANO
#2
ONLINE-OFFLINE
ONLIFE
#3
TECNOLOGIAS NÃO INTEGRADAS
TECNOLOGIAS INTEGRADAS
#4
PLANEAMENTO ESTÁTICO
PLANEAMENTO DINÂMICO
#5
4 P
4 E
#6
DEPARTAMENTOS/ SILOS
GRUPOS INTERFUNCIONAIS
#7
BIG DATA
BIG DATA+ SMALL DATA
#8
VENDEDOR
CRIADOR DE EXPERIÊNCIAS
#9
ESTUDOS DE MERCADO CLÁSSICOS
INTEGRATED RESEARCH ON-OFF
#10
1 to 1
1 to MOMENT

Humantech Marketing
- Marketing Molecular e Humano -
Marketing holístico
Inovação permanente
1. Onlife
10. Insights baseados na análise big data+ small data
5. Comunicação impactante e personalizada
2. Estruturas empresariais agilizadas Fricções eliminadas com o cliente
Centralidade no Ser Humano
6. Tecnologias integradas. Planeamento Dinâmico
3. Relações H2H - 1 to Moment -
7. Marketing Sustentável, socialmente responsável
4. Oferta co-criada, centrada na emoção e em experiências imersivas, personalizadas e memoráveis
9. Mindset empresarial aberto e colaborativo. Visão de longo prazo
8. Transformação Digital efectuada, centrada no cliente e na cadeia de valor
Marca com Diferenciação e Propósito
Obsessão pela Criação de Valor para o cliente

A evolução do Marketing
1 to many
1 to 1
1 to MOMENT
MARKETING 1.0
Óptica da Produção
Produção de massa
MARKETING 2.0
Óptica do Consumidor
Segmentação Targeting
MARKETING 3.0
Óptica do Ser Humano e do Ambiente
da Sociedade, do Ambiente
MARKETING 4.0
Era Digital
Cloud
IoT
IA
RA
Redes Sociais
HUMANTECH
Era Pós-Digital
H2H
Integração total de ecossistemas
Séc.XIX
1960?
2000
2010
2025-2030
MARKETING

4

NOTAS FINAIS

O marketing, as vendas e o serviço ao cliente não poderão mais estar de costas voltadas, visto o seu objectivo ser o mesmo: servir o cliente. Também as tecnologias e a sua contínua interligação não permitem mais a separação total dessas funções, porque a sua fronteira funcional é cada vez mais ténue. Com o acompanhamento das jornadas dos clientes, algumas funções anteriormente reservadas às vendas são hoje do domínio do marketing ou, no mínimo, partilhadas.

As técnicas de marketing possuem a capacidade de detectar *leads* e oportunidades pontuais de negócio, pelo que deve actuar em conjunto com os outros elementos de contacto com os clientes, os quais têm de assumir a gestão relacional com os *inputs* recebidos do marketing. Os elementos de serviço a clientes têm de gerar um permanente *feedback* das relações e resolver, em cada momento, os eventuais problemas que possam surgir. Tudo isto, dá-se também, a montante, com os novos especialistas, sem os quais não poderão exercer eficazmente as suas funções, como estatísticos, analistas digitais e programadores.

O cliente entende o produto como parte do serviço e da experiência global de relação e compra, logo, toda a proposta de valor *experiencial* tem de ser concebida nessa óptica. Os *marketers* terão de complementar o poder algorítmico das máquinas com o seu pensamento estratégico integrador, criativo e emotivo.

Esta década e as próximas serão centradas no desenvolvimento dos processos de recolha e tratamento de modelos de dados, na observância da regulação em vigor. O segredo continuará a estar na capacidade interpretativa, prospectiva e empática que os *marketers* terão de ter com cada vez maior profundidade, além da capacidade de inovação e de diferenciação, respeitando, afinal, os princípios de sempre da disciplina, cada vez mais com disponibilidade técnica de apoio e *empowerment* dos decisores.

No século XXI, os consumidores têm poder para serem os verdadeiros agentes de mudança das empresas com capacidade de alterar todas as dinâmicas do marketing. Por isso, os *marketers* têm de estar permanentemente atentos às suas mudanças de comportamento, de interesses e de gostos, com um forte suporte dos meios tecnológicos, da gestão e análise de dados, além da IA, reservando para si tarefas estratégicas de inovação, criatividade e empatia com os seus clientes. Para isso, têm de conhecer e perceber como os novos meios tecnológicos podem servir para a optimização dos seus planos e actuação e assumirem uma política de recolha de dados, com a devida permissão dos seus clientes, sem a qual deixarão de ter poder concorrencial.

Só a ultrapassagem das barreiras e de outras funções que impactam o cliente — com a eliminação de silos, barreiras e outras fricções na relação — poderá permitir que as empresas prosperem e que os clientes desejem continuar a manter a relação anterior. O necessário envolvimento dos clientes com as marcas vai depender, pois, do comportamento destas, da sua orientação para os seus interesses e preocupações na persecução da sua missão e actividade.

Neste caminho do *Humantech*, é essencial que os *marketers* supervisionem todos os processos que envolvam e impactem o cliente, de forma que os modelos e os desenvolvimentos tecnológicos não percam o foco no que é a centralidade da pessoa humana, no processo. Após isso, é essencial que entendam e dominem esses modelos e os seus *outputs*, de maneira a aumentar as suas capacidades e criar um serviço e experiências de excelência para os clientes.

A utilização de *bots*, como foi referido, optimiza um conjunto de operações de comunicação das empresas, contudo, resta saber a reacção que as pessoas vão tendo ao diálogo com os mesmos. Se todo o marketing tem vindo a evoluir no sentido da centralidade no ser humano, com a inerente humanização das relações, do amor ao cliente, a questão que se pode colocar é: será que os bots podem amar os clientes? Ou de outra forma: Como se poderá ensinar os algoritmos a amar os clientes?

De facto, a capacidade emotiva e espontânea comum aos humanos, não será possível replicar nas máquinas, o que recoloca a questão sobre se o futuro previsível prosseguirá sempre o caminho certo para a humanização do marketing e da comunicação. Por isso, há que dar um toque pessoal ao digital de forma a obviar esta questão. Certo é que se trata de um desafio a que as empresas tecnologicamente mais evoluídas estão atentas. No entanto, em fases de transição como a que se atravessa, é possível que alguns erros sejam cometidos ao digitalizar os negócios e implementar tecnologias de IA. Para os minimizar, é crucial o tratamento e análise de dados personalizados, num caminho progressivo de aprendizagem e melhoria, algo que será atingido desde que o cliente seja sempre colocado no centro da actividade da empresa e das suas decisões estratégicas e tácticas.

Warren Bennis, consultor americano, comentava há alguns anos, acerca da fábrica do futuro:

> O departamento de marketing do futuro deverá ter somente dois empregados, um humano e um cão. O humano vai lá estar para alimentar o cão. O cão, para evitar que o humano mexa no *software* automático de marketing.

Certamente que não será esse o futuro, mas sim o mundo do *Humantech*, o limiar de um novo mundo daquilo que Scott Brinker designa por *augmented marketers* e *augmented customers*.

HOMENAGEM E GRATIDÃO PESSOAL

Ao professor Philip Kotler, cuja obra foi determinante para a minha escolha de carreira em marketing, que aceitou comentar este meu novo livro;

Ao professor Luiz Moutinho, cujas ideias desafiantes, inovadoras e *out-of-the-box* sempre me serviram de inspiração;

Ao professor Carlos Brito, pelos seus contributos para o marketing e para a gestão, assim como a sua permanente simpatia ao apresentar publicamente os meus livros;

Ao Dr. João Miguel Braz Frade, um dos responsáveis pelo início da minha carreira empresarial em marketing.

Ao já saudoso Comendador Rui Nabeiro, um grande Homem e empresário, primoroso na proximidade ao cliente. Um exemplo de excelência, solidariedade e humanidade.

BIBLIOGRAFIA

Aryel, *A step-by-step introduction to AR marketing, The Aryel Ultimate Guide for AR.*

Bagozzi, Richard/Verbeke, J.M.I. (2014) Biomarketing: an emerging paradigm linking neuroscience, endocrinology, and genetics to buyer-seller behaviour. In *The Routledge Companion to the future of marketing.* Routledge.

Barroca, Jean, Kelkar, Mahesh (2021) *From doing digital to being digital: transforming service delivery and operations in cities post the pandemic.* Deloitte Touche Tohmatsu Ltd.

BCG – *The future of sales and marketing is here*, EUA, 2022.

Boehm, Klaus, *et al.* (2018) *The future of the TV and video landscape 2030.* Deloitte.

Breque, M., deNul, L., Petridis, A. (2021) *Industry 5.0, Towards a sustainable, human-centric and resilient European industry.* Comissão Europeia, Direcção-Geral de Investigação e Inovação.

Brinker, S., Baldwin, J. (2020) *Martech 2030.* ChiefMartech.com.

Brock, J. (2019) *The evolution of marketing technology.*

Brown, Tim (2008) *Design thinking.* Harvard Business Review.

Chait, J., Winter, D. (2017) *Brainternet.me: commercial EEG for Iot Applications.* Editora Witz University.

Colon, Geoffrey (2018) *Disruptive marketing.* American Marketing Association.

Davenport, Thomas, *et al.* (2020) How artificial intelligence will change the future of marketing. *Journal of the Academy of Marketing Science*, https://doi.org/10.1007/s11747-019-00696-0.

Dentsu (2022) *The age of inclusive intelligence.* Magrl.com, Consumer Vision.

Drift, Marketing Artificial Intelligence Institute (2022) *2022 State of marketing and sales report.* Drift / Marketing Artificial Intelligence Institute.

Dsouza, Prima Frederick (2022) Recent Trends in Neuro marketing — An Exploratory Study. *International Journal of Case Studies in Business, IT, and Education*, https://doi.org/10.47992/IJCSBE.2581.6942.0148.

Ericsson Consumer Lab (2019) *10 Hot consumer trends 2030*. Ericsson.com.

Ford, Martin (2021) *O futuro da Inteligência Artificial*, Bertrand.

Gil, Dario, *et al.* (2018) *Coming soon to your business-Quantum computing*, IBM Institute for Business Value.

Godin, Seth (2018) *This is marketing*. Portfolio.

Grewal, Dhruv, *et al.* (2020) *The future of technology and marketing: a muldisciplinary perspective*. Journal of the Academy of Marketing Science, J. of the Acad. Mark. Sci. **48**, 1–8 (2020). https://doi.org/10.1007/s11747-019-00711-4

Vários, *Inteligência Artificial* (2019) Actual.

Hexa-X (2021) *2021 Joint European Conference on Networks and Communications and 6G Summit*. EuCNC & 6G Summit.

Hootsuite (2022) *Digital 2022: another year of bumper growth*. Edit.Wearesocial.com.

Huawei (2021) *Communications Network 2030. Building a fully connected intelligent world*. Huawei Technologies.

IBM (2018) *Coming soon to your business: Quantum computing*. Institute for Business Value.

Jacobs, M., Mazzucato, M. (2016) *Rethinking capitalism*. Wiley Blackwell/John Wiley & Sons.

Kahn, Barbara E. (2018) *The shopping revolution*. Wharton Digital Press.

Keller, K., Swaminathan, V. (2020) *Strategic brand management*. Pearson Education.

Kotler, Philip, *et al.* (2021) *Marketing 5.0*. John Wiley & Sons.

KPMG (2019) *Marketing to the connected customer*. KPMG.

Kris, C., Fuest, K. (2017) *Dynamic Technology and Innovation, Roland Berger Trend Compendium 2030*. Roland Berger.

Kumar, Vinod et al. *The connected consumer 2030. The future laboratory, Vodafone Smart Tech*.

Kurzweil, Ray (2005) *The singularity is near: when human transcend biology*. Penguin.

Mady,Tarek, *et al.* (2014) *Process-based marketing management*. Routledge.

Magnolia International (2021) *White paper: Digital experience in 2021: becoming more customer centric, Editora Magnolia internacional.*

Mari, Alex (2019) *The rise of machine learning in marketing: goal, process and benefit of AI-driven marketing*. ResearchGate Publications.

Marketo Adobe (2018) *Marketing 2025, Australia & New Zealand*. Marketo Adobe.

Markets and Markets Report (2022) *Wearables. Marketing collateral*. Markets and Markets Report.

Chui, Michael, *et al.* (2021) *The internet of things. Catching up to an accelerating opportunity*. McKinsey & Co.

(2017) *Biomedical engineers connecting a human brain to the internet in real time. Medical Express Magazine*, Wits University.

McMahon, Lynn et al. (2016) *The future of advertising*, Accenture

Mileva, Gari (2022) *The Ultimate Guide to Virtual Reality Marketing*. Influencer Marketing Hub.

Mori, S., *et al.* (2017) A survey of diminished reality: Techniques for visually concealing, eliminating, and seeing through real objects. *IPSJ T Comput Vis Appl* 9 (17) .

Moutinho, Luiz, *et al.* (Eds.) (2014) *The Routledge companion to the future of marketing*, Routledge.

Mudrick, Candice (2021) *Newzoo Trend Report 2021, Intro to the metaverse*, Newzoo.

Muruganandham, D., *et a.l*, (2020) Brain monitoring net (Brainternet). *Institute of Physics, Conference Series, Mater. Sci. Eng.* 912 0620062020.

Newman, D., McClimans, F. (2019) *Experience 2030. The future of customer experience is now.* Futurum Research/SAS.

Odden, Lee (2017) *Thriving in a post-digital world.* Forrester Research.

Oliveira, Arlindo (2019) *Inteligência artificial*, Fundação Francisco Manuel dos Santos.

Oliveira, Carlos Manuel (2020) *Marketing pós-digital. O marketing à medida do ser humano.* Actual.

Oliveira, Carlos Manuel (2019) *Brand Management.* Actual.

Moy, Christine (2022) *Opportunities in the metaverse.* Onyx / J.P. Morgan.

Ottley, Gary, *et al.* (2019) *Conscious capitalism: meaning and application.*

Parvatiyar, A., Sisodia, R. (2019) *Handbook of advances in marketing in an era of disruptions.* Sage.

Penn, Christopher (2021) *AI for marketers.* Publicação independente, Editores: Katie Robbert e John Wall.

PwC (2018) *Prepare for the voice revolution.* Consumer Intelligence Series.

Quinn, Kerry (2019) *The rise of digital disruption. A new era of technological advances.* Kerry Quinn Publications.

Quintana, Ashley (2017) *Top 10 strategies for marketing in the digital age.* Bridgrev, Jun 2017.

Rajamannar, Raja (2021) *Quantum marketing.* HarperCollins.

Rauschnabel, Philipp, *et al.* (2022) *What is augmented reality marketing? Its definition, complexity and future*, Journal of Business Research 142 pp. 1140–1150.

Rodrigues, Joel, *et al.* (2018) *Enabling Technologies for the Internet of health things*, IEEE Explore.

Rogers, David L. (2016) *The Digital Transformation Playbook*, Columbia Business School Publishing.

Roetzer, P., Kaput, M. (2022) *Marketing Artificial Intelligence.* BenBella Books.

Rowles, Daniel (2018) *Digital branding.* KoganPage.

Rust, Roland (2010) Rethinking marketing. *Harvard Business Review.* jan-fev 2010.

Rust, Roland (2019) The future of marketing. *International Journal of Research in Marketing* 37 pp. 15–26.

Salesforce – State of marketing, 7th *edition*, EUA, 2021.

Scott-Dawkins, K., Syal, M. (2020) *Advertising in 2030.* Essence Global Group.

Shainesh, G. (2018) *Customer centricity in the digital age: rediscovering value.* Sage.

Shankar, V. (2018) How artificial intelligence is reshaping retailing, *Journal of Retailing* 94 (4), pp. vi–xi.

Shapiro, Benson (1988) What the hell is «market oriented»?. Harvard Business Review, nov.

Solis, B., Szymanski, J. (2016) *Six stages of digital transformation.* Altimeter/Prophet.

Tegmark, Max (2018) *Life 3.0, Being human in the age of artificial intelligence.* Vintage.

The Economist Intelligence Unit (2020) *Open innovation 2030.*

TrendHunter (2022) *Trend Report 2022: The roaring 20th's are coming back.*

Uslay, Can (2019) *The next frontier in marketing: self-sustaining marketing, society and capitalism through collaborative yet disruptive partnerships.* Handbook of Advances in marketing in an era of disruptions. Edit. Sage

Viswanathan, Madhubalan (2019) *Envisioning marketing advances in an era of disruptions: a bottom-up perspective from subsistence marketplaces.* Handbook of Advances in marketing in an era of disruptions. Edit. Sage

The Future Laboratory (2022) *The connected consumer 2030.* The Future Laboratory / Vodafone.

Wang, Jefferson, *et al.* (2020) *The future home in 5G era*, Kogan Page.

*Web*b, Amy (2022) *2022 Tech trends report.* Future Today Institute.

Wind, Yoram (2017) *Reimagine marketing.* Marketing Wall of Fame.

Wunderman Thompson Intelligence (2021) *Into the metaverse.* Wunderman Thompson Intelligence Reports.

Wunderman Thompson Intelligence (2022) *New realities: into the metaverse and beyond.* Wunderman Thompson Intelligence Reports.

Zaltman, Gerald (2003) *How customers think.* Harvard Business School Press.

ELOGIOS

I want to congratulate Carlos for his new book, Molecular and Human Marketing. He describes the changes in marketing theory and practice for meeting the new economic, social, physical and political challenges. He presents colorful slides making marketing ideas and trends more vivid. He shows how Humantech will develop and how companies need to respond. His text is as up to date as any leading book in marketing.

Philip Kotler, S. C. Johnson & Son Distinguished Professor of International Marketing, Kellogg School of Management, Northwestern University

As transformações geracionais, desde a geração Y até à geração Alfa, colocam desafios aos *marketers* na sua missão de conhecer e satisfazer as necessidades dos consumidores. Por outro lado, tanto a exponencial evolução tecnológica, nomeadamente na área digital, a realidade aumentada, como a inteligência artificial, oferecem ferramentas que podem ajudar a responder àqueles desafios.

Neste livro o Carlos Manuel de Oliveira aborda detalhadamente aqueles temas, propondo uma visão mais humanista do consumidor e como a tecnologia pode contribuir para um "novo marketing", humanizado e digitalmente integrado.

António Casanova, Gestor

Nesta obra, surgida na sequência do livro *Marketing Pós-Digital* publicado em 2021, Carlos Oliveira aprofunda e operacionaliza aquele que é um dos maiores desafios das empresas: como articular as componentes tecnológica e humana dentro das organizações? Não deixando de abordar áreas digitais de ponta, como o metaverso ou o biomarketing, o autor mantém o posicionamento já assumido em obras anteriores: estando a tecnologia ao serviço das pessoas, ela é (apenas!) um meio para potenciar a competitividade dos negócios e o desenvolvimento das sociedades. Porque o fundamental é, como sempre foi, o ser humano.

Carlos Brito, *Professor da Faculdade de Economia do Porto*